マハトマ・ガンジーが暗殺《あんさつ》されたのは1948年だった。
その最後の足跡《あしあと》は、ガンジー記念館の小道《こみち》に残された。

ガンジー「最後の足跡《あしあと》」をたどる池田大作博士と著者(左端)

「人類の向上を思う時、ガンジーの名を思わずにいられない。世界平和と人間調和の理想実現を求め、彼は生き、思《し》索《さく》し、行動した。ガンジーから目をそらすことは、人類の損失である」
——マーチン・ルーサー・キング・ジュニア

常に大衆の中で声を上げ続けた

ガンジーの戦い

権力者はガンジーを嫌ったが、大衆は誰よりもガンジーを愛した。
（1931年イギリス・ランカシャーの織物工場で）

ガンジーの支持者は、
政府の塩の独占に
怒《いか》り立ち上がった

塩製造の独占に抗議した
「塩の行進」（1930年）

カルカッタのダムダム監《かん》
獄《ごく》にとらわれたガンジー
（1946年）

ロンドン円卓会議
に出席（1931年）

アラバマ州で公民権を
求め行進（1965年）

「私は一方では、社会を変革《へんかく》すべく、人間の魂の変革に努《つと》めなければならない。もう一方では、人間の魂《たましい》に変革のチャンスが訪れるよう、社会の変革に努めなければならない」

──マーチン・ルーサー・キング・ジュニア

キングの戦い

1950年代中盤、キングは人種を隔離する社会の壁を次々に打ち破っていった

弾圧の激しかった投票権行進の
到着地モントゴメリーでの演説（1965年）

左　どんな権力の横暴にも
暴力による応戦はいましめた

下　キングは獄中にあっても、
言論闘争をやめなかった。（1963年）

10日間、40時間を越えた
トインビー博士との対話。
しかし、真に語り合える人と
の出合いに、トインビー博士の
表情は喜びにあふれていた（1973年）

幼稚園から大学院までを
目指す一貫教育を完成させた

池田大作の戦い

悪僧らの謀略に戦い勝った
秋田の友との記念撮影（1982年）

一人の人間における偉大な人間革命は、
やがて一国の宿命《しゅくめい》の転換《てんかん》をも成《な》し遂《と》げ、
さらに全人類の宿命の転換をも
可能にする　——池田大作

1957年、選挙買収の無実の罪を捏造《ねつぞう》され、拘留《こうりゅう》された大阪拘置所から釈放される（1962年無罪判決）

周総理は病をおして
池田博士と会見した
（1974年）

ゴルバチョフ元ソ連邦大統領とも対談集を編んだ

非暴力の戦いで南アフリカ連邦の
人種隔離政策を撤廃させ、
初代大統領に就任したマンデラ氏と（1995年）

アメリカ・公民権運動の母
ローザ・パークス女史と会見
席上SGI会長に
「ローザパークス人道賞」が贈られた
（1993年1月アメリカ創価大学）

ガンジー・キング・イケダ

―― 非暴力と対話の系譜 ――

インド国立・ガンジー記念館前館長

N・ラダクリシュナン［著］

栗原淑江［訳］

第三文明社

目次

※　引用部分は文意をそこなわない範囲でやさしくしました。

写真提供＝聖教新聞社、PPS通信社/CORBIS

第一章　非暴力《ひぼうりょく》の系譜《けいふ》

三人の偉大《いだい》な人物

モーハンダース・カラムチャンド・ガンジー、マーティン・ルーサー・キング・ジュニア、池田大作《いけだだいさく》――この三人の偉大《いだい》な人物《じんぶつ》は、それぞれ出身地《しゅっしんち》も文化も異《こと》なり、奉《ほう》じる宗教《しゅうきょう》もヒンドゥー教、キリスト教、仏教と異なっています。また、ガンジーとキングが、自《みずか》らかかげた主張《しゅちょう》に殉《じゅん》教《きょう》した一方で、池田博士《はくし》は、現代世界《せかい》にすばらしい覚醒《かくせい》の波動《はどう》を巻き起こしつづけています。

出身地も文化も宗教も異なる三人が、ともに「非暴力《ひぼうりょく》」と「対話《たいわ》」による変革《へんかく》という人類の偉大《いだい》な遺産《いさん》の旗手《きしゅ》となり、不戦世界《ふせんせかい》をめざす運動の中心者となったのは、驚《おどろ》くべきことです。これらの人物は、いずれも社会活動家《しゃかいかつどうか》でもありました。彼らの「偉大な歩《あゆ》み」がめざしたものは、民衆《みんしゅう》の同意《どうい》にもとづく変革《へんかく》であり、正義《せいぎ》と幸福《こうふく》を実現《じつげん》するための変革でした。

この三人は、いずれも深い宗教心を抱《いだ》いていました。ヒューマニズムあふれる宗教的な価値観《かちかん》が、彼らのビジョンを形づくり、その変革運動《へんかくうんどう》に民衆を結集《けっしゅう》させたのです。

新しい戦略《せんりゃく》と手法《しゅほう》

ガンジーとキングが用いた新しい手法《しゅほう》は、市民的不服従《しみんてきふふくじゅう》、大規模《だいきぼ》な抗議集会《こうぎしゅうかい》、行進《こうしん》、ピケ、座《すわ》りこみといった、非暴力的《ひぼうりょくてき》な直接行動でした。運動の一環《いっかん》として、しばしば、わざと逮捕《たいほ》されたり、牢獄《ろうごく》に多くの活動家を送りこんだりもしました。ガンジーとキングは、社会構造《こうぞう》や個人の変革を行うために、まず政治的な変革《へんかく》に焦点《しょうてん》を当てたのです。

一方、池田博士《はくし》も、非暴力的な新しい手法を導入《どうにゅう》しました。博士が提唱《ていしょう》した「人間革命《にんげんかくめい》」運動は、人々を、宗教的・精神的・文化的・倫理《りんり》的にエンパワーすること（内在する力を引き出すこと）によって、個人と社会を変革するというものです。

この三人の活力《かつりょく》と精神の源泉《げんせん》となったのは、それぞれの宗教でした。しかし、彼らは、いわゆる「正統派《せいとうは》」と称する伝統的な宗教から決然《けつぜん》と離脱《りだつ》する勇気も持ち合わせていました。宗教の根本教義に徹した彼らの宗教は、啓発的《けいはつてき》な宗教であり、人間を閉《と》じ込める「牢獄《ろうごく》の壁《かべ》」のような宗教ではなかったのです。それは、ふつうの人間のための宗教であり、聖職者《せいしょくしゃ》のための宗教ではありませんでした。

彼らは「行動の人」であり、傑出《けつしゅつ》した人間性、創造性《そうぞうせい》、独創性《どくそうせい》、ビジョンの持ち主でした。そして、彼らが用いた戦略《せんりゃく》は、「同志たちの喜々とした参加によって目標を達成する」というものでした。

ガンジーもキングも、いわゆる「正統派」と称する伝統的宗教、植民地主義、人種差別に対して、非暴力的な手法《しゅほう》で立ち向かいました。一方、池田博士も、ガンジーやキングと同じく、非暴力的な新しい戦略と手法を考案《こうあん》したのです。

ガンジーは、南アフリカではじめた運動を、インドに帰ってからも継続《けいぞく》し、暗殺される日までつづけました。その間、勉学のためにイギリスに滞在《たいざい》し、そこで多くの知識人《ちしきじん》や活動家たちと知り合いにもなりました。ガンジーの活動は、南アフリカとインドに限られていましたが、それにもかかわらず、その活動はしだいに世界各地に知られていったのです。

一方、池田博士《はくし》は、世界中の人々を薫陶《くんとう》・激励《げきれい》する中で、たぐいまれなコミュニケーションの絆《きずな》を、幅広く、深く結びました。これは、驚嘆《きょうたん》すべきすばらしいことです。博士は、組織人として、また平和のための戦術家として、前代未聞《ぜんだいみもん》のみごとな成果をあげているのです。

博士は、SGI（創価学会インタナショナル）のメンバーである人にも、そうでない人にも、配慮《はいりょ》をめぐらせ、小グループの会合でのきめ細かな指導や、数限りない人々への心温《あたた》まる激励を行っています。そのこと自体、大変に興味深いことであり、調査研究のテーマでもあります。非人間的な傾向が顕著《けんちょ》になりつつある現代にあって、まさにここに、父や母しか与えることができないような、限りない人間的な温かさ・思いやりを満身にたたえた指導者——「センセイ」——が存在しているのです。一九三〇年に、日本でわずかな会員から出発した創価学会の運動が、しだいに広まり、今や世界百九十カ国に会員を擁《よう》するまでに大発展したことは、きわめて注目すべきことです。

ガンジーが「穏《おだ》やかな無政府主義者」であり、キングが「ハリケーン（熱帯低気圧）」であるとすれば、池田博士は、「高くそびゆる輝きに満ちた灯台《とうだい》」なのです。

現代はますます合理的、不可知論《ふかちろん》（人間は感覚的に経験する以上のことは知ることができないという主張）的、消費主義的、物質主義的になりつつあります。そんな時代の中で、堅《けん》実《じつ》で信仰深く、快活で慈悲《じひ》にあふれた博士は、決然《けつぜん》として「信念《しんねん》を行動へ」と転換《てんかん》する、エネルギッシュで構想力豊《ゆた》かな人物なのです。

池田博士の人間性の特徴《とくちょう》をあげるとすれば、謙虚《けんきょ》さ、慈悲《じひ》、そして卓見《たっけん》ということになるでしょう。

「謙虚さ」とは、通り一遍《いっぺん》のものではなく、生きとし生けるものすべてが、宇宙秩序《うちゅうちつじょ》の不可欠《ふかけつ》な一部として、相互依存《そうごいぞん》関係にあることを認識していることです。

「慈悲」とは、『法華経《ほけきょう》』に秘《ひ》められた、脈動《みゃくどう》する生命観と調和を反映《はんえい》するものであり、また、人々を奮い立たせる日蓮《にちれん》の偉大な生命力を現代に蘇《よみが》えらせるものです。日蓮は、民衆がブッダの教えの精髄《せいずい》を理解し、それを日常生活に生かすことができるように、法を説きました。民衆の生活の真《ま》っただ中に入りこまない哲学に未来はないと、断言したのです。

創価学会《そうかがっかい》の創立者である牧口常三郎《まきぐちつねさぶろう》初代会長と、戸田城聖《とだじょうせい》第二代会長は、この日蓮のビジョンを継承《けいしょう》し、その実現を池田青年に託《たく》しました。そして彼は、恩師《おんし》の夢の実現に情熱に燃えて献身《けんしん》的な努力をしました。その「師弟不二《していふに》の精神」は時とともにますます輝きを増し、池田博士の偉大な活動への精神の跳躍台《ちょうやくだい》となっていったのです。

次に、「卓見《たっけん》」をあげたのは、池田博士は、人類が努力してきた全領域《ぜんりょういき》に対し、おびただしく独創的な取り組みをしてきたからです。

博士においては、東洋の哲学と東洋の宗教のもっともすぐれた伝統が、グローバルな意識《いしき》と融合《ゆうごう》しています。世界中の人々が博士に引きつけられるのは、この魅力《みりょく》のためなのです。

博士は、人類の平和、調和と幸福をめざす新たな活動の中心人物です。博士が進める「人間革命」と「世界広宣流布《こうせんるふ》」運動は、人類の内面からの蘇生《そせい》をめざす、大規模な精神・文化運動なのです。

ガンジーが考案《こうあん》し、開始し、完成した「サティヤーグラハ（真理掌握《しんりしょうあく》）」運動（非暴力抵抗《ていこう》運動）の目的は、非暴力の持つ力を呼びさまし、正義と平等を実現することでした。一方、キングが進めた自由への歩《あゆ》みは、「全人類を正義の方向に向かわせる」ことをめざすものでした。

一方、池田博士が提唱《ていしょう》した「人間革命」と「広宣流布」の運動は、一人一人に内在する「仏性《ぶっしょう》」を目ざめさせようとするものです。これは途方もなく膨大《ぼうだい》な作業です。しかし博士は、人間の能力の及ばないものは何一つないということを、身をもって実証《じっしょう》してきました。必要なのは、「何としても障害《しょうがい》を克服《こくふく》するのだ」との決意なのです。

池田博士は、人間の教師として、哲学者として、構想家として、またすばらしく感受《かんじゅ》性《せい》豊かな人間として、父親として、なみはずれた慈悲《じひ》心と理解力をそなえています。これは、きわめてまれなことなのです。

ガンジーは、「非暴力は人類に与えられたもっとも偉大な力である」ということを、人々に思い起こさせました。一方、キングは、「人類に与えられた選択肢《せんたくし》は、『暴力か非暴力か』ではなく、『非暴力か絶滅《ぜつめつ》か』なのである」と強い調子で述べ、人々の耳目《じもく》を引きました。

そして、池田博士は、日蓮の仏法にのっとり、「真の団結とは、『一人立つ』精神を持ち、行動を起こす、勇気ある人々が集《つど》うことである。そうした団結こそ、前代未聞《ぜんだいみもん》の広宣流布《こうせんるふ》を達成するカギである」と強調しています。

インドの吟遊《ぎんゆう》詩人でノーベル賞受賞者である、ランビンドラナート・タゴールも、詩の中で、同じ思いを繰り返し披瀝《ひれき》しています。「一人歩め、一人歩め……」と。

三人の闘《たたか》いと人類への貢献《こうけん》

幕を閉じたばかりの二十世紀には、二度の世界戦争で数千万人の民衆が亡くなり、世界でもっとも美しい二つの都市――広島と長崎――が、原爆投下で悲惨《ひさん》な被害を受けました。また、局地戦争やテロリストによる襲撃《しゅうげき》で、多くの民衆が死傷《ししょう》しました。

科学技術は目をみはるほど進展《しんてん》しましたが、一方《いっぽう》で人類を何度も全滅《ぜんめつ》させるほどたくさんの大量虐殺《ぎゃくさつ》兵器も生み出されました。また、情報科学が、物理的な障壁《しょうへき》を取り除いたので、世界は「グローバル・ヴィレッジ（地球村）」になりつつあります。しかし、その一方で、宗教や精神性の影響力は弱まっているのです。

今や、科学至上《しじょう》主義が、現代人の生活のリズムを思うままにコントロールしています。クローン動物や試験管ベビーさえ誕生しているのです。感受性《かんじゅせい》の鋭《するど》い人々は、これらの展開に大いに気をもんでいます。

しかし、同時に、二十世紀は、マハトマ・ガンジー、アルベルト・アインシュタイン、マーティン・ルーサー・キング、マザー・テレサ、ネルソン・マンデラ、ローザ・パークス、池田大作をはじめとする、偉大な人物たちを輩出《はいしゅつ》してきました。

これらの人々は、市民的自由、解放、人権、貧困の除去、生命の輝きの拡大、孤児《こじ》やしいたげられた人々への奉仕《ほうし》などの点で、重要な貢献《こうけん》をしました。彼らのおかげで、新しいビジョン、勇気、恐怖《きょうふ》からの解放、そして、抑圧《よくあつ》的な社会秩序《ちつじょ》に対する断固とした拒絶《きょぜつ》といったものが、世界各地で見られるようになったのです。

また、彼らのおかげで、「すべてが失われたわけではない」、「遅すぎることはない」、「人類は出現しつつある危機に気づくだろう」との思いが広まりました。人類に対して刮目《かつもく》すべき奉仕を行った彼らは、同時代人をはるかに抜《ぬ》きん出て、屹立《きつりつ》しているのです。

二〇〇〇年十二月三十一日付の『タイム』誌は、「二十世紀の人物」として、第一位にアインシュタイン、第二位にガンジーを選びました。

アインシュタインは、ガンジーについて、「時がたつほどに、このような人間がこの地球上に存在したことなど、信じがたくなるだろう」と述べています。

問題は、誰が誰より偉大かなどということではありません。人類の生命のあり方・生活の質が向上していくかどうかが問題なのです。

ガンジーの思想とその闘いの軌跡《きせき》は大いなる遺産《いさん》となり、人々に勇気を与えつづけています。ガンジーが人類に対して行った貢献のうち、主なものは、問題解決の手法として非暴力を導入《どうにゆう》したこと、そして、「サルヴォダヤ（万人《ばんにん》の幸福）」や「サティヤーグラハ」といった今までにない概念《がいねん》を提唱したことでした。それらはすべて、「スワラージ（自治）」へと結実していく道なのです。

「スワラージ」は、政治的には自治を意味しますが、精神的・知的には恐怖《きようふ》からの解放、自信、自己管理を意味します。この「スワラージ」は、一九三〇、四〇年代に、ガンジーのもとで自由を求めて闘《たたか》う数百万の民衆のスローガンとなりました。それは、民衆を鼓舞《こぶ》し、向かうべき方向性と目標を示したものです。

このスローガンは、インドの空に響きわたり、世界各地の多くの自由闘争家《とうそうか》たちをも鼓舞《こぶ》しました。あたかも、「自由・平等・友愛」というフランス革命のスローガンが、フランス人の想像力をとらえたように。

さて、ガンジー暗殺から七年後、アメリカ合衆国の若い牧師、マーティン・ルーサー・キングが、黒人の市民的自由を求める運動に立ち上がりました。ローザ・パークスが、モントゴメリーの人種隔離《かくり》バスの中で、座席をゆずらなかったかどで逮捕《たいほ》された直後のことです。

点火《てんか》された炎《ほのお》は、野火《のび》のように燃え広がりました。「勝利をわれらに」、「私の愛する国」、「わたしには夢がある」などのスローガンがアメリカ大陸中に響きわたり、黒人たちの目ざめを高らかに告げたのです。

ガンジーは、一九四八年にヒンドゥー教徒に暗殺され、キングも、一九六八年にメンフィスでアメリカ人の男に暗殺されました。ガンジーは、祈りの場におもむく途中で狙《そ》撃《げき》され、キングは、市民的自由を求めるキャンペーンの最中に、突如《とつじょ》として最後を迎えたのです。

ガンジーとキングは、肉体的には暗殺者《あんさつしゃ》の凶弾《きょうだん》に倒れました。しかし、二人が開始した運動はしだいに共感を呼び、勢力を増して、世界中の自由闘争家《とうそうか》や社会活動家たちを勇気づけました。

ガンジー、キングの闘《たたか》いと創価学会の運動

それとほぼ時を同じくして、一九三〇年代の日本で、教育・宗教・芸術・文化を通じて価値創造をめざす、静かではあるが重要な波が起こっていました。創価学会の運動が、勢力を集めつつあったのです。

創価学会第三代会長・池田大作博士こそ、やがてこの運動の先頭に立つことになる一人でした。この運動の源泉は、日蓮の教えと、牧口・戸田両会長が抱いた夢であり、ガンジーとキングの影響もありました。

さらに、現代のもっとも卓越《たくえつ》した哲学者・教師の一人として多くの国から称賛《しょうさん》されている傑出《けつしゅつ》した天才、池田博士が用いた手法と戦略は、まれに見るみごとなものでした。博士が達成した成果とその指導性は、今、幅広く国際的承認《しょうにん》を得ています。

飛行機やスペース・シャトル、戦闘機や対空砲《たいくうほう》、ミサイル兵器などが支配してきた二十世紀の空に、今や、世界平和と人類の幸福をめざすメッセージが祈りの声となって響きわたっているのです。

ガンジーたち非暴力的抵抗の闘士《とうし》と、キングたち正義を求める闘士は、自《みずか》らの苦悩の克服《こくふく》を高くかかげ、平等と正義を求めました。ガンジーが南アフリカとインドで行った闘争では、行進の際に、「すべての人への大いなる智慧《ちえ》と慈悲《じひ》」の歌が歌われました。今でも、インドにある数千のガンジー関連団体は、ガンジーが好んだ讃歌《さんか》として、この歌を歌いつづけています。

一方、一九六〇、七〇年代には、アメリカの黒人たちが、アメリカ各地の諸都市を行進しました。現在、どこの国でも、平和団体主催の集会が行われる際には、その時の歌、「勝利をわれらに」（ウイシャル・オーバーカム）の歌が歌われます。

一方、日本では、一九六〇年代に創価学会が勢力をのばし、その思想が広まるにつれて、数百万人の敬虔《けいけん》な日蓮仏法の信者が唱える「南無妙法蓮華経《なむみょうほうれんげきょう》」の声が着実に高まっていきました。唱題《しょうだい》の声は、唱える人々だけでなく、唱えない人々にも希望を与えたのです。

戦争に疲れ、不安に満ちた、生気のない風景の中で、「南無妙法蓮華経」の唱題《しょうだい》の響きは、数百万の老若男女《ろうにやくなんによ》の心に、人生の困難に勇気と確信をもって立ち向かおうとの決意をわき立たせ、団結の精神と士気《しき》を奮い起こさせました。創価学会は、宗教的立場、政治的見解、文化的相違を超《こ》え、さまざまな人々に支持されるようになったのです。

池田博士は、清新なヒューマニズムにあふれた新時代の指導者であり、恩師《おんし》の夢の実現に献身《けんしん》する思想家であります。嫉妬《しっと》に狂《くる》った者たちがいかに中傷《ちゅうしょう》しようとも、毅然《きぜん》として人々を導いているのです。

このＳＧＩ（創価学会インターナショナル）の指導者が平和・文化・教育の推進に献身《けんしん》していることをほめ称《たた》え、二百数十の世界中の高名な大学や機関が、博士に名誉博士号や名誉教授称号を授与《じゅよ》しているのです。

「民衆の勝利」の実現に尽力《じんりょく》している池田博士は、二十一世紀の人類の希望のシンボルであり、平和な未来への希望のシンボルです。

小説家で評論家でもあった杉浦明平《すぎうらみんぺい》氏は、創価学会について次のように語っていますが、これは、創価学会のビジョンと業績《ぎょうせき》を要約《ようやく》したものといえましょう。

「学会の最大の業績は、社会の底辺にいる人たちというか、庶民《しょみん》の力を引出《ひきだ》し、蘇生《そせい》させたということです。じつは、それは私の大きな課題でもあったんです。……（第二次大戦後）身体に障害があったり、病気や夫をなくして、経済的にも精神的にも苦しんでいる人がたくさんいる。その人たちを何とかしなければと、村に入って、援助をしたり、さまざまな運動をこころみました。

……しかし、だめなんです。まわりでいくらお膳立《ぜんだ》てし、金を与えても、結局、本人が自立できない。ところが、創価学会がそれをやってしまった」と。

ガンジー、キング、そして池田は、歴史を創《つく》りゆく非凡《ひぼん》な天才であり、それぞれが示した闘いの姿は人類の大いなる遺産《いさん》として、これからも輝きつづけていくことでしょう。三人の仕事の進め方は、きわめて独特なものですが、共通の特徴《とくちょう》もあります。その一つは、課題と危機に直面した時に示すなみはずれた勇気であり、きわ立った指導性です。もう一つの共通点は、彼らが皆、常に青年の力を信じて闘いを展開してきたということです。池田博士が青年について語った言葉には、何としても青年を育成するのだとの、確固《かっこ》たる決意がうかがわれます。

「人生も信仰もマラソンのようなものです。レースの途中で先頭を奪われても、勝負はゴールで決まる。青年時代の訓練《くんれん》は、最後に真の勝利を得るためのものです。ゆえに、今はできるかぎり勉強をしなければならない。また、人生のマラソンを走り抜く生命力をつけるために、題目《だいもく》をたくさんあげなければならないのです」

三人を結びつけるもう一つの領域《りょういき》は、女性をはじめ、社会的に抑圧《よくあつ》されている人々を力づけ、蘇生《そせい》させたことです。三人は、自由な社会、平和な社会という共通のビジョンをもち、それを実現するためには、一つ一つの「レンガ」が明確な場と役割をもつべきだと考えたのです。

三人はまた、民衆と対話し、理解しあい、勇気づけ、激励し、蘇生《そせい》させるために、さまざまな戦略と手法を用いました。最終的な目的は、民衆に手を差しのべ、自立させ、民衆が幸福になることに手を貸すことだったのです。

この三人の偉大な人物についてさらに知るために、次の章へと進みましょう。

第二章　ガンジー――非暴力《ひぼうりょく》の戦士

マハトマ・ガンジーと非暴力《ひぼうりょく》

モーハンダース・カラムチャンド・ガンジーは、インドの自由闘争《とうそう》の中心人物で、国民に非暴力闘争を呼びかけ、一九四七年のイギリスからの独立を実現させました。非暴力という新しい手法《しゅほう》によって、自由闘争家、人権活動家、社会運動家たちに力を与えたのです。インドでは「国父《こくふ》」、「マハトマ（偉大なる魂《たましい》）」、「バプー（お父さん）」などと呼ばれています。

新聞社の特派員にメッセージを頼まれた際、ガンジーは、「私の生涯《しょうがい》そのものがメッセージです」と答えたといいますが、この発言は、彼を理解する上で重要なカギといえましょう。

歴史上もっとも偉大な革命家であり、人々に勇気を与えつづけたガンジーは、非暴力による戦いで、当時、イギリスの植民地であったインドの三億六千万人の国民に自由をもたらしました。彼は、世界中の社会運動や思想家に影響を与えただけでなく、豊かな遺産を残したのです。

インド独立の六カ月後に、ガンジーは暗殺されましたが、それ以降《いこう》、非暴力の闘士たちは、世界各地で果敢《かかん》な運動を展開し、大きな政治的影響力を持っていきました。

たとえば、ポーランドの「連帯《れんたい》」の闘争（一九八〇―一九八九年）、一九八六年のフィリピンの民衆パワー、南アフリカの民衆による抵抗運動、ミャンマーのいまだ成功していない闘争、ラトヴィア、リトアニア、エストニアの解放、一九九一年のモスクワでの強硬《きょうこう》路線の敗退、一九九一年の東ドイツとチェコスロヴァキアの解放などがあげられます。さらに、フィリピンでは、ふたたび民衆デモが、大統領が二期目に立候補しないよう圧力をかけました。

ガンジー以前と以後の非暴力闘争を見てみると、彼の歴史上の位置と重要性が理解できます。ガンジーが提唱《ていしょう》した、創造的な「非暴力―非協力のサティヤーグラハ」という概念《がいねん》は、過去三百年間にアジア、アフリカ、ラテン・アフリカから現れたもののうち、唯一《ゆいいつ》の独創《どくそう》的な政治理念なのです。

かつてガンジーは、「私の全行動は、人類への奪うことのできない愛から生じています」と語ったことがあります。

現在、ガンジーの活動と影響、思想の意義が、世界中で研究されています。それは、道徳的価値の堕落《だらく》、対立の激化《げきか》、環境悪化や、地球全体に警告《けいこく》を発する脅威《きょうい》に対して、ガンジーの手法・戦略が有効であることを、人類が認識するようになりつつあることを示すものといえましょう。

しかし、ガンジーが身をもって示した、ウパニシャッド（インド哲学の源流となった古代の宗教哲学）的な「世界は一つの家族」との理想は、今日になっても、物質主義や消費主義を擁護《ようご》する人々にはまだまだ理解されておらず、達成されていないのです。

ガンジーは、国民国家や地理的単位に分断されている人類が、いつの日か絆《きずな》の深い一つの家族となって、「人類の心は一つ、すべての人間は兄弟」となることを望んでいました。

「地球村」という考え方は、地上の万人《ばんにん》が幸福に生きるためには、真に人間的な配慮《はいりょ》がますます必要であることを示唆《しさ》しています。こうした考え方は、「全体的な発展」というガンジーのビジョンの妥当性《だとうせい》を証明しつつあるのです。

ガンジーの生涯《しょうがい》

ここで、ガンジーの生涯《しょうがい》をひもといてみましょう。

彼は、一八六九年十月二日、インドの沿岸《えんがん》都市ポールバンダルで生まれました。ガンジー家は、昔から食料品商を営んでいました。祖父《そふ》と父は、各々《おのおの》、ジュナーガダとポールバンダルの藩王国《はんおうこく》の宰相《さいしょう》をつとめています。

両親は、ヴァイシュナヴァ派（ヒンドゥー教の一宗派）に属していましたが、この一家には、あらゆる宗教に敬意を払う雰囲気《ふんいき》がありました。母親は信心深い女性で、生涯、断食《だんじき》、誓願《せいがん》、非暴力の実践と菜食主義《さいしょくしゅぎ》を守り通したといいます。そのことは、息子に、終生《しゅうせい》変わらない印象《いんしょう》を残したようです。

ガンジーは、学校では内気《うちき》で平凡な生徒で、成績は中位だったといいます。暗がりをこわがったり、悪ふざけをしたり、友人にそそのかされてタバコを吸ったり、肉食をしたり、兄の腕輪から少し金を削《けず》り取ったことさえありました。しかし、しばらくたって、羞恥心《しゅうちしん》から、その過《あやま》ちを父に告白《こくはく》しました。彼は、なみはずれた道徳心の持ち主だったのです。

学校に政府の視察《しさつ》が入った際のエピソードが伝えられています。ガンジーが、「やかん（Kettle）」のつづりをまちがえると、教師は、正しく書いた隣《となり》の子のつづりをまねして書くよう合図《あいず》を送ったのです。しかし、彼はそれに従うことを拒否《きょひ》しました。この時にも、彼の強い道徳心がはっきり示されています。

当時の風習《ふうしゅう》にしたがって、ガンジーは、十三歳の時に同い年のカストゥルバーイと結婚しました。

五年後には、法律を学ぶためにロンドンにおもむきます。出発前に、母親に、「酒と女性と肉食を避ける」との誓いを立てています。

イギリスでは、菜食《さいしょく》主義者と知り合いになったり、神智学《しんちがく》（人間には神秘的霊智《しんぴてきれいち》があって、直接的に神を見ると説く思想）者と影響を与えあったり、キリスト教を学んだりしました。『ギータ』（古代インドの大叙事詩《じょじし》『マハーバーラタ』の一部で、ヒンドゥー教徒の聖典《せいてん》）の翻訳《ほんやく》である、エドウィン・アーノルドの『アジアの光』も読みました。また、イギリスとヨーロッパの法律と政治学についても、広く読書を重ねています。一八九一年には弁護士資《べんごしし》格《かく》をとり、帰国《きこく》の途《と》につきました。

しかし、インドに帰国したガンジーは、弁護士としては成功することはできませんでした。人前で話すことが極端《きょくたん》ににが手だったからです。そんな折《おり》、南アフリカに住むイスラム教徒の友人が、民事訴訟《みんじそしょう》への助力《じょりょく》を頼んできました。彼はその申し出を受け入れ、一八九三年に南アフリカめざして船出したのです。

南アフリカには、一年間だけ滞在《たいざい》するつもりでした。しかし、この滞在は、彼の人生の転換点となりました。現在、この時期は、ガンジーの「見習い期間」と考えられています。人種差別や侮辱《ぶじょく》、肉体的な危害《きがい》をこうむった彼は、それでも仕事をつづけ、現実から逃げ出さないと心に決めたのです。

当時の南アフリカには、インド人に対して明らかに人種差別的な法律がありました。その拘束力《こうそくりょく》がさらに強められた時、彼の人生はがらりと変わりはじめました。露骨《ろこつ》な人権侵害《しんがい》、不正と抑圧《よくあつ》に直面して、ガンジーは、インド人の組織を作り、差別的な法律に抵抗《ていこう》する運動を率《ひき》いるようになったのです。

一年のつもりの滞在が、結局《けつきょく》二十一年の長きにわたりました。「サティヤーグラハ(真理掌握《しんりしょうあく》)」の名で知られている非暴力的抵抗運動の一連の手法《しゅほう》を展開したのは、こうした闘争の真《ま》っただ中だったのです。

南アフリカでのガンジーの活動は、国際的な称賛《しょうさん》を浴びました。ロシアの作家トルストイは、当時の世界のどこにも存在しない重要な仕事であると絶賛《ぜっさん》しています。

ガンジーは、政治的な手腕《しゅわん》を獲得《かくとく》し、ビジョンをとぎすませました。彼が、運動の志願者たち（サティーヤグラヒ）を訓練するために二つのアーシュラム（修道場《しゅうどうじょう》）――「トルストイ・ファーム」と「フェニックス・アーシュラム」――を創設《そうせつ》したのは、この時期でした。また、その理念を広く伝えるために、雑誌『インディアン・オピニオン』も創刊しています。

一九一四年にインドに向けて出航《しゅっこう》した時、ガンジーは、評判の高い、自信に満ちた、宗教的で誇り高い政治指導者になっていたのです。

一九一五年、イギリス経由《けいゆ》でインドに帰国したガンジーに対し、政治的な師匠《ししょう》であるゴーパルクリシュナ・ゴーカレは、ただちに政治活動に関《かか》わるよりは、インドの実状《じつじょう》を体験するためにまず国中を旅行した方がよいと忠告しました。しかし、ガンジーは労働者の組織化、政治的抵抗運動に巻きこまれ、たちまちのうちに、一八八五年に創設されたインド国民会議派の立役者《たてやくしゃ》となり、インドの国民運動の先頭に立っていったのです。

ところが、この組織は中産階級の専門家に支配されていたため、ガンジーには効果的とは思えませんでした。彼は、党が採用していた「物乞《ものご》い」や「品位《ひんい》を落とす」ような手法をやめて、非暴力闘争《ひぼうりょく》を行うべきだと考えたのです。南アフリカで展開した「サティヤーグラハ」運動の方が有効であると。それで、国民に、道徳の再建と政治的独立を目ざす「サティヤーグラハ」運動と建設プログラムを提案《ていあん》したのです。

彼が開始した一連の市民的不服従《ふふくじゅう》、断食《だんじき》、抵抗行進とボイコット運動は、驚くべき成功をおさめました。「マハトマ・ガンジーの勝利」というスローガンがインドの空に響きわたり、数百万の農民、女性、工場労働者、弁護士、教師、学生たちが、手に手を取って、自由を要求して国中を歩いたのです。この間、彼は数度にわたり投獄《とうごく》されています。

ガンジーはまた、グジャラート州の「サーバルマティー」と、中央インドのワルダ近《きん》郊《こう》の「セヴァーグラム」という、二つのアーシュラムを創設しました。運動への参加を志願《しがん》する人や職員を訓練する場であるアーシュラムは、インドの国民運動の跳躍台《ちょうやくだい》となったのです。

平和活動家、自由闘争家、クエイカー教徒、ジャーナリスト、作家たちが、ガンジーが率いる未曾有《みぞう》の非暴力革命を学ぶために、世界各地からセヴァーグラムに直行したといいます。

牢獄《ろうごく》は活動家たちであふれ、法を執行《しっこう》する当局、とくに警察はお手上げ状態になりました。これこそ、民衆蜂起《ほうき》の核心《かくしん》だったのです。

ガンジーは、政治的覚醒《かくせい》とならんで、カーストにも属せない不可触民《ふかしょくみん》——彼は「ハリジャン（神の子）」と呼んだ——の地位の向上、ヒンドゥー教徒とイスラム教徒の友好、女性の力を活かすことにも努力を惜しみませんでした。

一九三〇年の「塩の行進」では、非暴力の闘士たちが、インド各地で海に向かって行進しました。誰《だれ》のものでもないはずの塩が、イギリス政府によって専売《せんばい》とされていることに抗議《こうぎ》して、自分たちで海水から塩を作るためでした。

たったそれだけのことのようでしたが、これは、大衆動員が起こした奇跡《きせき》ともいえる大運動となったのです。ガンジー自《みずか》ら、七十八人を率《ひき》いて、サーバルマティーからダンディ海岸へと四百キロ近い行進をしました。その他の地域からも、多くの人が献身的《けんしんてき》に行進者たちを率《ひき》いて合流しました。最終的には、この行進は、自由を愛する数百万人の男女を抑圧《よくあつ》に立ち向かわせるようになる重要なできごととなったのです。

ガンジー流の運動によって、インドは劇的に変化していきました。自由闘争が求めたのは、イギリスがインドから実際に退去《たいきょ》することだけではありませんでした。教育制度の改良、旧来の社会的不平等の除去、社会正義の保障、男女の不平等の除去、村落と小屋でできる産業の復活、村落の衛生状態の改善、言語・宗教・人種共同体の向上、そして、最終的にイギリスがインドから離れた後に、インド人が現実に自国を運営する責任を担《にな》うための準備など、包括的《ほうかつてき》な要求がなされたのです。

勝利に向けてのガンジーの最後の運動は、一九四二年の「クイット・インディア（インドを出ていけ）」運動でした。これにより、彼と仲間たちは、ふたたび投獄《とうごく》されたのです。

そうこうする間に、モハメド・アリ・ジンナーを指導者とするイスラム教徒が、分離《ぶんり》国家《こっか》を要求し、その勢力が確実な地歩《ちほ》を獲得《かくとく》していきました。ガンジーは、分離独立には強硬《きょうこう》に反対しましたが、インド各地で、罪のないイスラム教徒とヒンドゥー教徒が殺《さつ》戮《りく》されたため、最終的には同意せざるをえませんでした。

国家をインド（ヒンドゥー教徒中心）とパキスタン（イスラム教徒中心）に分割することが合意されました。そして、この決定とともに、多くの民衆が両国の境界線を超えて難民となって移動していきました。

分割の際に起こったヒンドゥー教徒とイスラム教徒による暴動は、この亜大陸《あたいりく》に深い傷跡《きずあと》を残しました。ガンジーが唱《とな》える非暴力闘争が、厳《きび》しい試練《しれん》に直面したのです。

この事態を前に、彼は、生命の危険をかえりみず、大規模な殺戮《さつりく》が行われた地域に、歴史的な平和の巡礼《じゅんれい》を断行しました。恐れを知らぬガンジーは、現在はバングラデシュとなっているベンガル州のノーアカーリー地方に歩《あゆ》み入ったのです。

その結果、当地では、敵意と殺戮が止《や》むという奇跡《きせき》が起こりました。これを見た、イギリスの総督《そうとく》であったマウントバッテン卿《きょう》は、ガンジーを「たった一人の軍隊」と称《しょう》したのです。

インドは、一九四七年八月十五日に、独立を勝ち取りました。しかし、平和、調和、非暴力と人類の兄弟愛を説く非武装《ひぶそう》の預言者《よげんしゃ》であるマハトマ・ガンジーは、一九四八年一月三十日、デリーのビルラ邸《てい》の芝生《しばふ》の上で暗殺されてしまいました。七十八歳でした。その地は、現在、インド国立のガンジー記念館となっています。

ガンジーの「十一ヵ条の戒律《かいりつ》」

ガンジーが、アーシュラムの人々が守るべきものとして示した「十一カ条の戒律《かいりつ》」には、精神、身体、嗜好《しこう》、想像力および性向《せいこう》を訓練するための重要な諸点が示されています。

一、サティヤー（真理《しんり》）

真理は神である。真理は、広い意味では、思想における真理、言葉における真理、行為《こうい》における真理を意味する。真理のあるところには、真の知識と歓喜がある。

二、アヒンサー（非暴力）

私たちは、唯一《ゆいいつ》の存在であり神自身である真理を探求《たんきゅう》することを放棄《ほうき》してはならない。アヒンサーは手段であり、真理が目的である。アヒンサーなくしては、真理を求めることも、発見することも不可能である。

三、ブラフマチャリヤ（純潔《じゅんけつ》・禁欲《きんよく》）

ブラフマチャリヤとは、「ブラフマ」すなわち「真理」の探求《たんきゅう》のために行う行為である。すべての感覚機能を抑制《よくせい》するという特殊《とくしゅ》な意味は、この語源《ごげん》から発生した。性的な問題に限定するような不完全な定義は、まったく忘れ去られなくてはならない。

四、アスヴァッド（嗜欲抑制《しょくよくせい》）

嗜欲抑制は、ブラフマチャリヤの遵守《じゅんしゅ》と密接に結びついている。身体を維持《いじ》するためにのみ食べるべきであり、放縦《ほうじゅう》のために食べてはならない。

五、アステーヤ（不盗《ふとう》）

他人のものを許可なく取ることは、窃盗《せっとう》である。しかし、本当は必要ではないものを、他の人から取ったり集めたりすることもまた、窃盗と考えられる。

六、アパリグラハ（無所有《むしょゆう》）

文明の本来の意義は、需要《じゅよう》を増大させることではなく、慎重《しんちょう》かつ果敢《かかん》に欲望を縮小させることにある。これのみが、真の幸福と満足を実現させ、奉仕《ほうし》の能力を倍加させるのである。

七、アブハヤ（真勇《しんゆう》）

真勇は、無上の平和に到達《とうたつ》するために不可欠なものであり、あらゆる外的《がいてき》な恐れ——病気、身体の傷害や死、強奪《ごうだつ》、親しいものの喪失《そうしつ》、名声の喪失などの恐れ——からの解放をともなう。

八、アプリシュヤッタ・ニヴァーレン（不可触民制《ふかしょくみんせい》の排除《はいじょ》）

不可触民制度は、ヒンドゥー教の主要な要素ではない。それどころか、ヒンドゥー教に災《わざわ》いをなすものである。

九、サリーラシュラム（労働）

富者であれ貧者であれ、日常活動をしなければならず、その活動は、生産的なもの、すなわち日々の糧《かて》を得る労働であるべきである。肉体的な労働をしない人間に食べる権利があるだろうか。

十、サルヴァダルマ・サマーナトヴァ（すべての宗教への寛容《かんよう》または平等性）

他宗教への寛容は、自らの宗教を真に理解することにつながる。真の知識あるいは宗教は、信仰間の障壁《しょうへき》を打ち破るものである。他宗教を崇敬《すうけい》することは、必ずしも、それらの宗教がもつ欠点に目をつぶることではない。自らの宗教の欠点についても敏感になり、それらの欠点を克服《こくふく》するよう努《つと》めなければならない。

十一、スワデシー（身近な隣人《りんじん》への奉仕）

スワデシーの信奉者は、身近な隣人への奉仕に献身《けんしん》する。遠くの状況に魅《み》せられて、隣人への義務を果たさない人は、スワデシーの原理を侵《おか》していることになる。

以上の十一カ条です。

ガンジーの主張は、いかなる強制のもとでも、いかなる誘惑《ゆうわく》があっても、また、いかなる状況においても、人を憎むことなく「悪を憎む」べきであり、「悪を行うな」というものでした。これにより、ガンジーとインドは、多くの友人を獲得《かくとく》したのです。

植民地主義と抑圧《よくあつ》を存続させているイギリスの制度を憎め、しかしイギリス人は憎むな、自分の意志で悪を行うものはいない、すべての人には神聖なきらめきがある、他者《たしゃ》を傷つけることは許《ゆる》されない――こうしたガンジーの信念は、国際社会の多くの人々に受け入れられました。この点が、ガンジーが、多くの他の哲学者や教師と一線を画《かく》する点なのです。

ガンジーの建設プログラム

ガンジーの全体的なビジョンと改革的なプログラム（計画）は、誰のものよりも包括《ほうかつ》的《てき》です。深い楽観主義と、諸価値への配慮、そして下層《かそう》の人々の幸福などに特徴《とくちょう》づけられているという意味において、包括的なのです。

ガンジーは、創造的で持続可能なプログラムを持つ社会活動は、民衆の生活の中にかぎりなく入りこめることを、実証しました。「建設プログラム」だけを見ても、彼の非暴力的な社会変革がいかに包括的《ほうかつてき》で全体論的なものであったかがわかります。

多くの学者も、ガンジーの「建設プログラム」に、貧困、無学などの社会的不平等を過去のものとさせる新しい社会秩序《ちつじょ》の「青写真」を見出しました。

卓越《たくえつ》した学者であるジーン・シャープは、それを、「新しい社会構造がその上に構築されるべき足場」であると称賛《しょうさん》しています。彼は書いています。

「建設プログラムは、古い社会がいまだ存在している一方で、新しい社会秩序を構築する試みである。ガンジーが主張した非暴力的革命は、旧来《きゅうらい》のものとの戦いの中でさえ、新しいものを構築しはじめている。国家機構による戦略がはじまるのを待つ必要はないのである」と。

それでは、ジーン・シャープにしたがって、このプログラムの主要な部分をちょっと見てみましょう。

一、すべての宗教の平等性

ガンジーは、社会の諸価値を統合《とうごう》する上で、宗教が一定の役割を果たせることを、十分に認識していました。

彼は、諸宗教を、同一の目的をめざすさまざまな道と考えました。同じ目的地に到達するかぎり、そこに至る道は問題ではないのです。あらゆる宗教は、「愛」という絶対の真理を説いています。

とはいえ、私たちの周囲には、他の宗教を見下し、自分の宗教の徳目《とくもく》を誇《ほこ》る傾向がはびこっています。多くの宗教は、宗教的寛容《かんよう》という基本的な要請《ようせい》すら欠いているのです。「寛容」が、精神的洞察《どうさつ》を与え、最終的には信仰間のあらゆる障壁《しょうへき》を打破《だは》する勇気を与えるという、単純な真理が忘れられています。寛容はまた、人々の相互理解のフロンティアを拡大《かくだい》させるでしょう。

それゆえに、ガンジーは、「すべての宗教への同等の敬意」を提唱したのです。これは、多元的な状況のもとで、すべての宗教が平等に扱われ、教義の説得力《せっとくりょく》と信奉者《しんぽうしゃ》の志《こころざし》に応じて繁栄するという、革命的なビジョンです。多元的宗教の状況下では、各々の宗教が尊重《そんちょう》され、奨励《しょうれい》されなければなりません。

現在、多倫理的《たりんりてき》、多民族的、多言語的な状況になりつつありますが、人々が平和裡《り》に生き、開発が保障されるためには、人々の心に多様性と多元主義が深く浸透《しんとう》すべきであり、それらが共通の目的として養われるべきなのです。

それを実現するには、人々が心を開きあい、すべての宗教に敬意を持って接していくことが必要です。ガンジーは、このような理念を主唱《しゅしょう》して、宗教は個々人と社会の生存にとっての源泉であることを明らかにしたのです。

二、不可触民制《ふかしょくみんせい》

人々を職業にもとづいて差別することは、人権侵害そのものであり、人類に対する罪です。ガンジーの二十一年間におよぶ南アフリカでの活動は、主として次の三点を達成するための改革運動でした。

つまり、①すべての市民を、肌《はだ》の色の違いによって差別することなく、公平に扱うことを保証すること、②インド人の移民たちを、一連の教育プログラムによって組織し、教育すること、③闘いの標的《ひょうてき》となった人々が、道理を知り、他の人々を尊敬するようになること、です。

南アフリカですごした日々は、ガンジーの生涯において決定的な時期でした。この時、一人の若い弁護士が、「マハトマ（偉大なる魂）」へと開花《かいか》したのです。

インドでは、グルデヴ（先生）とよばれ、尊敬されていた詩人のタゴールが、ガンジーを「マハトマ」と呼びました。また、N・S・チャンドラ・ボース（インドの民族主義者）は、ガンジーがインドを一つにまとめ、社会正義のために闘ったことを評価し、「インドの父」と呼んだのです。

三、禁酒

ガンジーは、飲酒《いんしゅ》の害悪《がいあく》、飲酒が大人や子どもの生活にもたらす悲惨《ひさん》さ、家族の崩壊《ほうかい》、やっと稼《かせ》いだ金銭が酒販売業者の金庫に流出すること、飲酒による健康被害などに着目し、いろいろな角度から、この悪弊《あくへい》を取り除くための方策を考えました。

ガンジーが主導した禁酒評議会は、この悪弊に焦点《しょうてん》を当てた大規模な教育キャンペーンを行い、多くの民衆を目ざめさせました。ガンジーの指導のもと、国中で厳しい禁酒キャンペーンが展開されたのです。

ガンジーは記《しる》しています。

「非暴力の手法によって目標を達成しようとするならば、麻薬《まやく》や酒で苦しみながら働いている多くの人々の運命を、未来の政府に託《たく》さなくてもすむでしょう。

これらの悪弊を取り除くのにもっとも貢献できる人は、医師です。医師は、大酒《おおざけ》飲みやアヘン患者《かんじゃ》を災《わざわ》いのタネから引き離す道を見出《みいだ》すべきです。

また、女性や学生は、この改革を進める適任者です。彼らは、愛の奉仕を行うことによって、中毒者たちに、悪い習慣をやめるようにとの訴えに耳を傾けさせることができるのです」

四、カーディー（手織木綿《ておりもめん》）

カーディーは、ある意味でガンジーの革命の魂《たましい》であり、民衆と国家の解放のシンボルです。彼は、カーディーを、「インドにおける経済的自由と、万人《ばんにん》の平等の始まり」と説明しています。

カーディーの基本的な信条は、産業革命以後大量生産されるようになったイギリス製の布を買わされるのではなく、すべての市民が生産に創造的に関《かか》わることによって、国民としての誇りを持つことであり、また、少なからぬ収入のために働く決意を、自身と世界に宣言することでした。

ガンジーは、紡《つむ》ぐことと織《お》ること、そして手で紡いだ布を身にまとうことを主張しましたが、これは、近年、世界のどこにも見られない革命的な理念《りねん》でした。

現在、インドにあるカーディー・センターは、軽視《けいし》される立場にいた百万人の男女、職人たちに、雇用《こよう》の機会とかなりの収入を提供《ていきょう》しています。

ガンジーは、近代における開発が直接的に市民の経済的幸福に関係していることを、深く洞察《どうさつ》していました。彼によれば、カーディーは、インド民衆のシンボルであり、ガンジーがよく手にしていた「チャルカ」（糸を紡《つむ》ぐ道具）は経済的自由と平等のシンボルだったのです。

ジャワハルラル・ネルー（インド独立後の初代首相）は、カーディーを「インドの自由の装《よそお》い」と詩的に表現していますが、ガンジーにとって、カーディーは生活に不可欠《ふかけつ》な手段でした。それは、農村の自給自足《じきゅうじそく》と全農民の収入を可能にする第一歩でした。農民たちに新たな希望の時代を期待させる、多層的《たそうてき》なプログラムだったのです。

五、農村の産業

民衆による生産活動は、ガンジーが主張する開発・平等・平和にとって、不可欠な条件でした。各農村が独立した自給自足的な単位として扱われ、職人、職工、労働者たちが世襲《せしゅう》の生活を維持《いじ》できる活動に従事できることが必要だったのです。それらの活動は、雇用《こよう》を生み出すだけでなく、農民たちに収入をもたらすでしょう。

農村で可能な産業の例をあげれば、織物《おりもの》、搾油《さくゆ》、蜂蜜《はちみつ》製造、製紙、米粉《べいふん》製造、紙・マッチ・石鹸《せっけん》等の手作りがあります。ガンジーは記しています。「農村経済は、手作りの粉、石鹸製造、製紙、革《かわ》なめし、搾油などの農村産業がなければ、完全なものにはならないでしょう」と。

六、農村の衛生《えいせい》

ガンジーが次のように指摘《してき》したのは、もっともなことです。

「インドでは、国や社会の衛生という意識は美徳とされてはいません。沐浴《もくよく》をする際にも、井戸、水槽《すいそう》、川を汚《よご》すことは気にかけないのです。これはたいへんな悪習であり、村や、聖なる川、聖なる土手《どて》をひどい状態にし、不潔《ふけつ》さから生じる疾病《しっぺい》の原因ともなります」と。

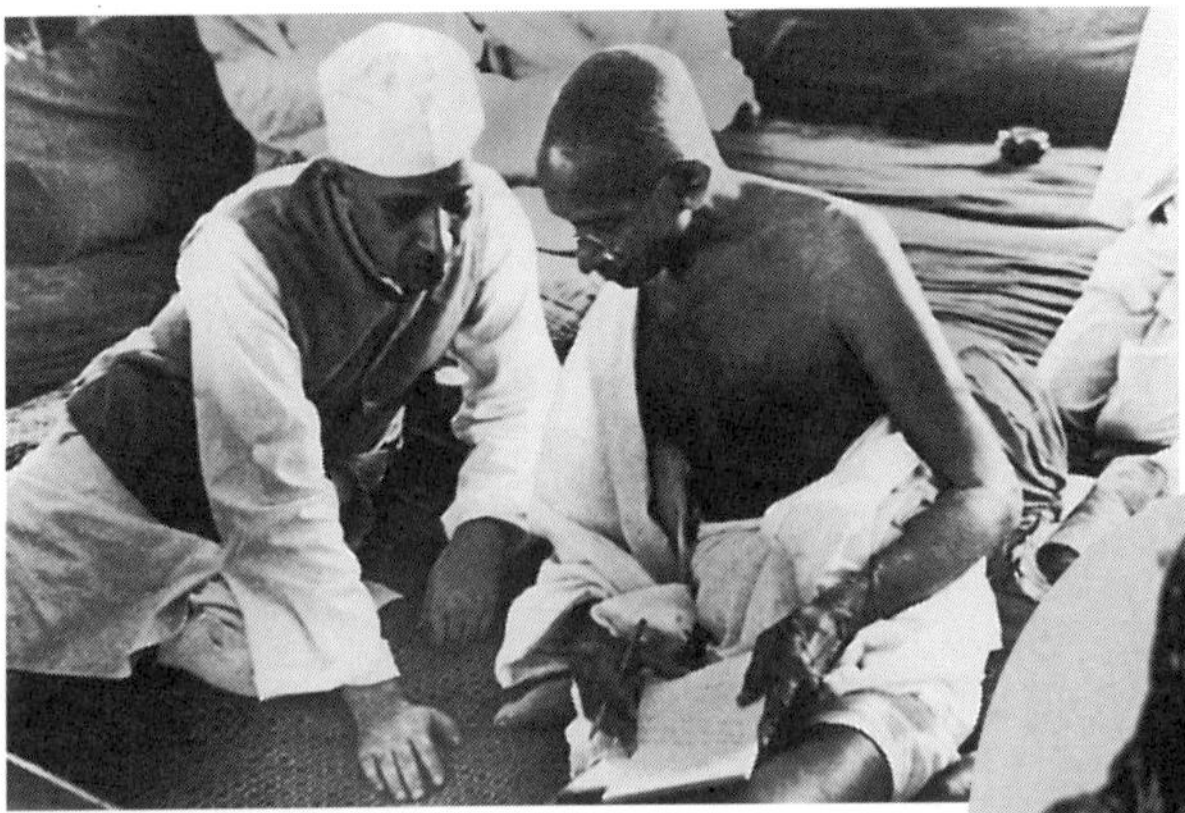

ネルーとも意見を交換した

ガンジーの最大の協力者、
カストゥルバーイ夫人

イギリスの支配に抵抗するため、インドのチャルカを使ったガンジー

七、基礎教育

ガンジーの教育観《かん》は、きわめて健全なものでした。「読み・書き・計算」の効能《こうのう》を強調する一般的な教育観とは反対に、子どもを感受性《かんじゅせい》豊かな人間として接することが肝要《かんよう》であると強調したのです。

彼は、伝統的な教育観との論争はしませんでした。しかし、教育に求められるものは、子どもが自身を発見したり、自分を社会と社会的ニーズに結びつける手段を得るための、創造的な機会を提供《ていきょう》することだと考えたのです。

そして、教育制度は、子どもを機械のような道具に作り上げるのではなく、子どもの一番よい部分を引き出すべきであると主張しました。

ガンジーのいう「基礎教育」は、三つのH（頭 Head、心 Heart、手 Hand）の統合《とうごう》を強調します。子どもは頭で考え、心で反応し、手で作業をすべきなのです。さらに、これらの三つの能力が組み合わされる必要があります。そうすれば、子どもの一番よい部分が引き出され、独立的、自給自足的、創造的な人間へと成長していくことができるでしょう。

ガンジーはまた、教育は競争中心ではなく、参加中心であるべきだと主張しました。競争は子どもに望ましくない傾向《けいこう》をもたらしますが、参加は、喜んで実験と生産的仕事に従事《じゅうじ》させることができるのです。

また、子どもは、情報によって機械のような存在にされてしまうのではなく、人間としての感情、価値観、美徳の宝庫であるべきでしょう。勉強だけでなく、手作業の重要性も学んではじめて、これは可能になるのです。

工芸活動、農業への関与《かんよ》、環境美化、学校への配慮《はいりょ》、カリキュラム以外の活動への参加などは、子どもを、精神的にも知的にも健康に成長させることでしょう。

八、成人教育

ガンジーは、教育を受けた人全員が、責任をもって成人教育に携《たずさ》わることを望んでいました。

「もし私が、成人教育に責任を負うとすれば、まず、成人たちの心をインドの偉大さと広大さに向けさせることからはじめるでしょう。私の成人教育は、まずもって、言葉による真に政治的な成人教育なのです。

綿密《めんみつ》な計画が立てられれば、恐れずに人々を教育することができます。当局がこのような教育に干渉《かんしょう》するには遅すぎるでしょう。しかし、干渉するならば、基本的な権利をめぐる闘争となるにちがいありません。この権利なくして、スワラージはありえないのです」

九、女性

正義、自由と人間の尊厳《そんげん》を求めるガンジーの闘争において、記憶されるべきは、女性を闘争の最前線においたことです。明快なラッパの響《ひび》きのような彼の呼び声のもと、多くの女性が喜々として活動に参加しましたが、これはインド史上、前代《ぜんだい》未聞《みもん》のことでした。

ここで、ガンジーの妻カストゥルバーイのちょっとユーモアのあるコメントを思い起こすのも、あながち場ちがいではないでしょう。それは、「女性たちは、男性たちよりもはるかによくガンジーを理解していた」というコメントです。

ガンジーは、女性に対して限りない敬意《けいい》を払いました。非暴力闘争を行う上で、女性たちがすぐれた能力をもっていると考えたからです。

彼は、「人権」――現在ではよく知られていて引きあいに出されるが、当時はまったく用いられていなかった言葉――の保障《ほしよう》を要求して南アフリカとインドで行った覚醒《かくせい》運動や、差別に反対する政治闘争の表舞台《おもてぶたい》に、女性たちを押し出しました。それを見ると、彼の女性に対する態度や、社会生活において女性が果たす創造的な役割への期待が、よくわかります。

ガンジーは、南アフリカでの「サティヤーグラハ」で女性たち、とくに「フェニックス・シスターズ」と「トルストイ・シスターズ」が運動で果たした役割について述べていますが、その内容は深い感銘《かんめい》を与えます。この運動ではじめて、女性たちが男性とならんで同じ役割を果たしたのです。

ガンジーが、次男のマニラールの結婚の折《おり》に与えた忠告も、記憶されるべきでしょう。息子が妻を選んだことを承認した彼は、息子に妻の自由を尊重し、奴隷《どれい》としてではなく仲間として扱い、彼女の人格に自分の人格と同じように配慮《はいりょ》するよう、誓《ちか》わせたのです。

南アフリカ時代にガンジーの親友であったポラク婦人は、ガンジーの女性に対する態度を適切に要約《ようやく》しています。

「多くの女性は、ふつう男らしい男性を愛するものですが、マハトマ・ガンジーは、『女らしさ』によって多くの女性たちに愛されていました。彼の特質はすべて、女性的な色彩をおびていたからです。

女性たちはガンジーを、旅の道づれであると感じます。旅の途上《とじょう》で前方を歩んでいる彼に、深く純粋《じゅんすい》で、いかなる性的感情もともなわない愛情を抱《いだ》いたのです。

人生の困難に直面した時、女性たちは彼に目を向けました。すると彼は、望まれれば、いかなる問題でも率直《そっちょく》に語りました。困難の中で光を投げかけられた女性たちは、旅はそれほど骨の折れるものではないと、確信することができたのです」

十、健康教育と衛生教育

農村と都市における私的《し》・公的《こう》衛生は、無視されてきた面の一つでした。それでガンジーは、衛生教育、とくに周囲と農村を清潔《せいけつ》に衛生的に保つことが緊急《きんきゅう》の課題であることを、村人たちに教育するよう主張しました。

個人の家や道路、公共の場が清潔でなければ、村は清潔には保てません。堆積《たいせき》した生ゴミ、滞《とどこお》った排水、徘徊《はいかい》する犬や豚《ぶた》、はぐれた牛や水牛などが、おぞましい地獄図《じごくず》のような雰囲気《ふんいき》をかもし出し、多くの村はあらゆる疾病《しっぺい》の温床《おんしょう》となっていました。

ガンジーは、こうした状況を憂慮《ゆうりょ》し、すべての人に衛生観念を植えつけるための行動計画を提案したのです。彼は、すべての農民が家、道路、公共の場を清潔に保つ上で積極的な役割を担《にな》うような、十分に考え抜かれた行動計画を提示《ていじ》しました。

生ゴミ処理のために堆肥《たいひ》の穴を掘るというアイディア、村の健康センターの設置、そして、人々を悲惨《ひさん》に陥《おとしい》れる疾病《しっぺい》にかからないように専門医を補佐《ほさ》する援助が、健康制度をめぐるガンジーの夢だったのです。

十一、地方語

地方語は、偉大な智慧《ちえ》と文学の宝庫《ほうこ》であり、社会生活の鏡《かがみ》でもあります。いかなる自由国家も、民衆の運命を形成する上で言語が果たす役割を無視することはできません。

十二、国語

自由国家は、地方語への偏見《へんけん》を持たない一方で、国民の感情を反映するような国語を持つべきでしょう。多言語的な状況のもとでは、当然のことながら、多くの人が同意する言語が文化生活や日常の行政で用いられることが、国家の健全さを測《はか》る指標《しひょう》なのです。

独立国家は国語を持つべきであり、インドの状況下では、多くの人々が話しているヒンドゥスタン語がそれにかなうという意見に反対はないでしょう。それで、ガンジーは、国語としてヒンディー語を選択したのです。

十三、経済的平等

ガンジーは、いかなる国においても、経済的平等がなければ自由は何の意味もないと、固く信じていました。共和国が衣食住の必要を満たさないならば、自由についての議論は無意味でむなしいものとなるでしょう。

民主主義の安定性は、まさに、それが民衆に成長の機会、とくに仕事の機会を、どの程度与えられるかにかかっているのです。

ガンジーは、経済的平等を「非暴力的独立のためのマスターキー」と表現しました。

そして、さらに次のように語っています。

「この最後のものが、非暴力的独立のためのマスターキーなのです。経済的平等のために働くことは、資本家と労働者の永遠の闘争を終わらせることを意味します。

国家の富の多くがその手中に集中しているわずかな富者と、その他の人々を、標準化することなのです。

富む者と、飢《う》えた数百万の人々の間に広い裂《さ》け目《め》が存在している限り、政府の非暴力的な制度は明らかに不可能なのです」

十四、農民

多くの農村が存在する国では、当然のことながら、農業が主な職業であり、主な収入源です。インドも農業国ですが、不幸なことに、農産物を生産する農民は尊厳《そんげん》をもって扱われず、自覚と技能が欠けているために適切な向上の機会も与えられていません。相変わらず古い耕作用具と方法を用いているのです。

農民を向上させる持続的な手だて——近代的な科学技術や生産物の競争価格の提供《ていきょう》——がこうじられないならば、また、こうじられるまでは、農業分野《ぶんや》での革命は遠い夢にとどまってしまうでしょう。

十五、労働

国内での労働が、外国をモデルとせずに行われれば、土着《どちゃく》の非暴力的な倫理《りんり》が発展するでしょう。そして、その倫理は、国内の膨大《ぼうだい》な労働力の全体的な動きを調整《ちょうせい》することができるでしょう。労働を搾取《さくしゅ》することは、不満と不信をもたらし、それを社会全体に蔓延《まんえん》させてしまうという罪悪《ざいあく》なのです。

ガンジーは、インドの労働者組織のモデルとして、非暴力と奉仕《ほうし》の精神をかかげる「アーメダバード労働組合」をあげています。この組合が行ってきたさまざまな福祉《ふくし》活動は、労働者の全般的な向上に寄与《きよ》しました。その努力はすべて、労働者の生活状態を改善することに向けられており、すべての政治駆《か》け引《ひ》きを用心深く断《ことわ》ったのです。

十六、アディヴァーシス（部族）

（最初の入植者《にゅうしょくしゃ》である）部族としてインドで知られているアディヴァーシスは、開発を奨《しょう》励《れい》されるだけでなく、近代化の名のもとに、彼らの生活を奪い、搾取《さくしゅ》を企《くわだ》てることは、犯罪であります。彼らの教育の機会と、彼らが森から集めてくる産物の価格、および、彼らの文化的豊富さを維持《いじ》する機会は、維持されるべきなのです。

アディヴァーシスの問題は、慎重《しんちょう》に調査研究される必要があり、慎重なアプローチが必要です。文明化された人々とそうでない人々とを差別することは、国家利益の侵害《しんがい》となるでしょう。

十七、ハンセン病

ガンジーは、「ハンセン病は不治《ふち》の病《やまい》であり、ハンセン病患者は卑《いや》しむべき人間である」とする一般的な見方を、心ある人道的アプローチによって除去《じょきょ》することを望んでいました。

ハンセン病は、他の病気と同じく治《なお》る病であること、そして、適切なリハビリテーションと適切な医療施設《いりょうしせつ》が必要であることを、人々にわからせる必要があります。

ガンジー自身、ハンセン病の詳細《しょうさい》について学んでいます。ガンジーの人生における感動的な物語の一つは、バプー・クティール近くのセヴァーグラムのアーシュラムで、ハンセン病であったパルシュラム・シャストリを自《みずか》ら看病《かんびょう》したことでした。

ガンジーほど、ハンセン病に対して積極的な歩《あゆ》みを進めた政治家はいませんでした。インド解放のためにガンジーが行った活動の一つが、大規模な「ハンセン病撲滅《ぼくめつ》プログラム」だったのです。

十八、学生

インドと南アフリカでガンジーが行った、きわ立った活動の一つは、青年たちとの交流と、触発《しょくはつ》された青年たちを変革の主体者として結集したことです。また彼は、旧世代の人々に、青年の意見を尊重するよう望んだだけでなく、青年を信頼して指導的役割を与えるべきだと主張しました。

ガンジーは、政治に関《かか》わることは、両親が苦労して稼《かせ》いだお金の浪費《ろうひ》であるとみなしていました。それで、学生たちが、政治に道楽《どうらく》半分に手を出し、貴重な時間を浪費することに反対したのです。しかし、学生たちが書物による学習だけにとどまることにも反対でした。

かつて、ガンジーは、「学生たちが社会変革のバロメーターであるが、バロメーターになるためには、学生たちが正しい態度を身につけなくてはならない」と述べたことがあります。手仕事や生産的な社会活動への参加を伴う教育は、学生をりっぱな市民へと成長させるのです。

さて、ガンジーは、一九四八年一月の第一週にセヴァーグラムに戻るやいなや、闘争を強化するために真剣に思索《しさく》しました。しかし、その夢を実現することができませんでした。一月三十日、彼の人生が、当時滞在《たいざい》していたデリーのビルラ邸《てい》の芝生《しばふ》の上で、暗殺者によって断《た》ち切《き》られてしまったからです。

ソ連崩壊《ほうかい》の予言

ガンジーは、旧ソ連や東欧に見られた、強権《きょうけん》と暴力にもとづく政治機構の最期《さいご》を、正確に予言していました。

ここで、ガンジーがロマン・ロランをたずねた際に、旧ソ連邦で起こっている実験、すなわち共産主義暴力革命の究極的《きゅうきょくてき》な成功に深い疑惑《ぎわく》を抱いていると述べたことは、注目すべきことです。

ガンジーは「ロシアで起こっていることは謎《なぞ》である。その実験の最終的成功については深い疑惑をいだいている。それは非暴力への一つの挑戦《ちょうせん》のように思える。成功するようにみえても、その成功の背後には暴力がある」と語っています。この発言からちょうど六十年後にソ連の体制は崩壊《ほうかい》したのです。

ガルトゥング博士は「ガンジーにとって、手段と目的はつねに首尾一貫《しゅびいっかん》していなければならず、また、同一の倫理《りんり》的な信念に基《もと》づいていなければなりませんでした。その信念とは、『暴力から生まれるものは暴力だけである』ということです。同様に、非暴力から生まれるものは非暴力です。これは、今日のイギリスとインドの親しい関係をみればわかることです」と分析《ぶんせき》しています。

ガンジーの楽観主義《らっかんしゅぎ》と寛容《かんよう》の精神《せいしん》

池田博士は、一九九二年に、ニューデリーで「ガンジー記念館記念講演」を行いました。その際に述べた所感《しょかん》は、ガンジーの業績《ぎょうせき》と哲学に光を当てつつ、社会状況の推移《すいい》を理解する上で、きわめて意義深いものでした。

博士は、ガンジーの遺産は、人類が平和のうちに生きるための努力の重要な一部であると考えています。

なかでもガンジーの「楽観主義」は、「客観情勢の分析《ぶんせき》や見通しに依拠《いきょ》して生み出されれた、相対的なものではありません。正義といい、非暴力といい、徹底した自己洞察《どうさつ》の結果、無条件に己《おの》が心中に打ち立てられた、いわば人間への絶対的な信頼」であるとの指摘には、インドの人々からも強い賛同の声があがりました。

ガンジーが人類に残した遺産の、もう一つの重要な点は、ガンジーを特徴づけるなみはずれた「寛容」さです。その言葉や生活からして、彼をブッダの思想の正当な後継者と考えてよいでしょう。カースト制度を激しく拒否《きょひ》した態度には、仏教が色濃く反映しているのです。

池田博士が指摘するように、「ガンジーは、いわゆる『宗派主義』の桎梏《しっこく》（そくばく）からもっとも遠い信仰者でありました」

ガルトゥング博士は、宗教と社会変革に対する、ガンジーの基本的なアプローチをめぐり、きわめて有益《ゆうえき》な分析を行っています。

「ガンジー自身が超《ちょう》宗派的な人であったので、仏教の教えを取り入れることは、何らむずかしいことではありませんでした。仏教は、いくつかの基本的な点で、膨《ぼう》大《だい》なヒンドゥー教の伝統内に起こった一つの改革運動であり、このため、ヒンドゥー教と共通する特徴が数多くあります」と。

池田博士は、これらの点をさらに展開し、ガンジーのたぐいまれな人間像を磨《みが》き上げたものは、おそらく仏教とヒンドゥー教ではなかったかと考えます。それは彼の現実を踏まえた「実践」のスタイルにも大きな影響を与えています。

「『善《よ》いことというものは、カタツムリの速度で動くものである』とは、あまりにも有名なガンジーの言葉ですが、彼のいう変革とは、明らかに社会の急進的革命ではなく、漸進的《ぜんしんてき》変化を志向《しこう》していました。

私は、ガンジーのそうした現実感覚、秩序《ちつじょ》感覚は、仏法の『中道《ちゅうどう》』思想と共鳴しあう点が多いと思います。

『有』と『無』の間の中道、『苦』と『楽』との間の中道、『断見《だんけん》』（生命は死をもって終わるとする考え）と『常見《じょうけん》』（自我が同じ状態で三世にわたり続くとする考え）との間の中道――それらは、曇《くも》りなき眼で如実《にょじつ》に現実を直視しようとする仏法の知見《ちけん》ですが、ガンジー主義とも深く根を通じていると思います」と。

また、池田博士はガンジーが正直正銘の民衆の〝友〟であり、〝父〟であっただけでなく、その「民衆の心から『どすぐろい恐怖《きょうふ》の衣《ころも》』を取り除くことによって『民衆の心の持ち方を一変させた』という歴史的な事実」を重視しています。「長年の植民地支配がもたらした権力への恐怖、それに伴う卑屈《ひくつ》、臆病《おくびょう》、諦《あきら》め等々の弱さから解放されることこそ、強者への第一歩であった」のです。

「ネルーは『恐れるな』との教訓を、ガンジーからインド民族への最大の贈り物としました。民衆がいかなる権威や権力をも恐れなくなってこそ、民主の時代の夜明けではないでしょうか。そうであるならば、ガンジーのメッセージはインドに限らず、全地球上の民衆への贈り物として、未来永遠に輝きを増し続けるでありましょう」

また、池田博士は近代文明があらゆる面で「分断」と「孤立《こりつ》」を深めたのに対して、ガンジーは「調和」と「融合《ゆうごう》」めざす「総体性」を志向《しこう》していたことを指摘しています。「私は、人間のあらゆる活動は全体として不可分のものとなっている」との発言も、「今日、人間の活動から遊離した宗教というものを知らない。宗教は他のすべての活動に道義的な基礎を提供するものである」との言葉も、その方向を指し示《しめ》すものです。

第三章　キング――わたしには夢がある

若き日の屈辱《くつじょく》

マーティン・ルーサー・キング・ジュニアは、牧師《ぼくし》の息子として生まれ、アトランタ州の人種隔離《かくり》社会の中で成長しました。少年の頃、キングはあらゆる屈辱《くつじょく》を経験しました。その地域の、その年頃の少年の例にもれず、青年時代に侮辱《ぶじょく》を受けた記憶は、いつまでも彼の心から消え去りませんでした。

キング自身、次のように書いています。

「非暴力の探求《たんきゅう》について、よく質問されます。それに答えるには、アトランタですごした十代の頃を顧《かえり》みる必要があるでしょう。

私は、人種隔離だけでなく、そこからくる抑圧《よくあつ》や野蛮《やばん》な行為を心からきらいながら成長しました。

黒人たちが残忍《ざんにん》にリンチされているところに通りかかったことがあります。また、クー・クラックス・クラン（ＫＫＫ団・顔がわからないように白いフードをかぶって黒人を弾圧《だんあつ》する白人の秘密集団）が、夜、車で走り去るのを見たこともあります。さらに、警官の蛮行《ばんこう》や、黒人が法廷《ほうてい》でひどい判決を受けるのも目撃しました。

これらすべてが、私の人格形成に何ほどかの影響を与えました。危険きわまりないことですが、私は、すべての白人に腹を立てるようになったのです。

私はまた、経済的不平等が、人種的な不平等と分かちがたい双生児《そうせいじ》であることを学びました。私自身は、経済的に安定した、どちらかといえば裕福《ゆうふく》な家庭の出身でしたが、遊び仲間たちの経済的不安定や、周囲の人々の痛ましい貧困は、けっして私の心から去りませんでした。

十代後半の頃、父の願いに背《そむ》いて、二夏の間働いたことがあります。父は、私や兄弟が白人の周囲で働くことを望んでいませんでした。黒人と白人が働く工場には、抑圧的状況《よくあつ》があったからです。そこで私は、じかに経済的不平等を知りました。そして、貧しい白人も、黒人と同じように搾取《さくしゅ》されていることに気づいたのです。

これらの初期の体験を通じて、私は、社会のさまざまな不公平を深く意識するようになりました」

キングは、似《に》たような体験をよく語ったものです。黒人だからと、食堂車のカーテンの陰《かげ》に座《すわ》らされたこともあります。「はじめてカーテンの後ろに座らせられたのは、とても若い頃でした。まるで、カーテンが私の全人生をさえぎっているかのようで。その屈辱《くつじょく》を、私はけっして忘れません」と。

アメリカ各地でも、うんざりするような状況がみられました。人種隔離《かくり》された学校、レストランや住居、白人と有色人種を区別する水飲み場の目印《めじるし》、公的施設での不平等なサービスなどが、黒人を取り巻く生活パターンだったのです。

感受性豊《ゆた》かで温厚《おんこう》な若きキングは、子どもの頃から暴力を憎《にく》み、めったに争うことはありませんでした。学校のガキ大将になぐられ、けられ、階段から突き落とされた時も、仕返しや抵抗はしなかったのです。

社会に出てから、見当違いの人種差別主義者に報復《ほうふく》の脅《おど》しをかけられた時にも、彼は無類の勇気と平静さを発揮《はっき》しました。腕をねじ曲げられたり、暴行を受けたり、家に爆弾を投げつけられ、家族が死の危険にさらされたこともあります。しかし、報復《ほうふく》したり、暴力に訴《うった》えたりすることはめったになかったのです。

そうする代わりに、キングは愛と非暴力を語ったのです。「相手を憎むのは下劣《げれつ》なことです。あなた方を下劣な人間にさせたくないのです」と、仲間の黒人たちに忠告しています。

ローザ・パークス事件《じけん》とバス・ボイコット運動

一九五五年十二月一日木曜日は、現代史上きわめて意義深い日となりました。今では広く知られている、ローザ・パークス事件が起こったからです。

この事件は、人種・宗教・性別を問わず、すべての市民の自由と平等をめざす闘争の進路を、大きく転換《てんかん》させました。この後、その闘争は、驚くべき速さと勢いで展開《てんかい》していくことになるのです。

当時、アラバマ州モントゴメリーでは、市の条例によって、黒人はバスの後部座席にしか座《すわ》れず、空席がない時は、白人乗客にその席すらゆずらなくてはなりませんでした。黒人には選択権がなく、この規則に従わざるをえなかったのです。バスの運転手は、この規則を強制する権限を与えられていました。

その日、モントゴメリーの一流デパートで服の仕立てのアシスタントをしていた物腰《ものごし》のおだやかなローザ・パークスは、そのように人種隔離《かくり》されたバスに乗っていました。白人が乗車してくると、運転手は、彼女に席をゆずるようにいいました。しかし、彼女はその指示に従うのを拒否《きょひ》したのです。それで、現行の秩序《ちつじょ》に反抗したかどで、逮捕《たいほ》されてしまいました。

次の月曜日、十二月五日の午前中、裁判のために法廷《ほうてい》に立たされた彼女は、有罪判決を受け、十ドルの罰金と四ドルの審判料《しんぱんりょう》の支払いを命じられたのです。

その日の午後、黒人の指導者グループは会合をもち、「モントゴメリー改革促進協会《そくしんきょうかい》」を創設し、キングを会長に選出していました（これは彼にとって、大きな驚きでした）。当時二十六歳のキングは、学生生活を送った後、教区牧師としてモントゴメリーに来ていただけで、その町では新顔だったので、敵対者がほとんどいなかったのです。

黒人指導者たちは、不当な扱いに対する不満のリストを作ることと、不満が解決するまでボイコットをつづけることを決めました。

その時、この決定の再考を促《うなが》す人がいました。ボイコットは、一日限りの作戦としてはかなり成功するだろうが、二、三日後には立ち消えになりかねないというのが、その理由でした。後に、キングは書いています。

「その意見はとても説得力があったので、私たちは抵抗を終えることにしました。けれども、最終的には、大衆集会の決定にしたがうことにしたのです」と。

さて、その日の夜、五千人ほどの黒人が、ホルト街にあるバプティスト教会の集会に参加し、会場は大きな熱狂《ねっきょう》に包まれました。

「私たちが今日ここに集《つど》ったのは、公民権《こうみんけん》運動のためです。私たちが今日ここに集まったのは、バス・ボイコット運動のためです。また、民衆を愛するからであり、薄っぺらな紙から重みのある行動へと転換した民主主義が、地上でもっともすぐれた政治形態だからです」と。

キングは、この演説を「私の生涯でもっとも重要なもの」と述べています。また、彼の伝記《でんき》作家たちは、これを、その後につづく多くの演説の原型と考えました。この演説には、彼が深く信頼をよせるアメリカの制度の枠内《わくない》で、正義のために戦おうとの決意がうかがわれます。

この集会で、判決に憤激《ふんげき》した地域の黒人たちは、抵抗のため、公営バスのボイコットを決めました。このボイコット運動は、驚くほど効果がありました。その翌日から交通のピーク時ですら、バスに乗った黒人はほとんどいなかったのです。いつもは満員のバスが空っぽで、乗っているのは白人だけでした。

数千人の黒人が、タクシーに乗ったり、自家用車に相乗りしたりしました。また、数千人が歩き、十マイル（十六キロメートル）も歩いた人すらいたのです。

内輪《うちわ》に見積《みつ》っても、このボイコット運動の八割は効果をあげたといえるでしょう。乗客の七割を黒人が占めていたモントゴメリー市営バス会社に警告《けいこく》を与え、市の役人たちを不安に陥《おとし》れたからです。

キングたちの運動は、アメリカ大陸では前代未聞《ぜんだいみもん》の新式のもので、正義を求める徹底《てってい》した非暴力闘争でした。

非暴力の考え方は、どこからきたのでしょうか。キングはガンジーについて知ってはいましたが、ガンジーのメッセージが彼の思想にしみこむにはいくらか時間がかかりました。ボイコット運動の後ですら、キングは、自衛のためのピストル所持は許すべきだという友人の意見にしたがっていたのです。

モントゴメリー抵抗《ていこう》運動の勝利《しょうり》

白人の図書館員であるジュリエット・モーガンは、人種隔離《かくり》的な『モントゴメリー・

アドヴァタイザー』誌に書簡《しょかん》を掲載しましたが（一九五五年十二月十二日付）、その中で、黒人のバス・ボイコット運動を、一九三〇年三月にガンジーが率《ひき》いた「塩《しお》の行進」になぞらえています。

人種差別的な白人たちに警告《けいこく》を与えた、キングの「モントゴメリーの行進」と、イギリス帝国の基礎を揺《ゆ》るがすことになった、ガンジーの「ダンディへの行進（塩の行進）」は、二十世紀におけるもっとも重要な大衆運動であり、自由に向けてのもっとも勇敢な歩《あゆ》みだったのです。

モントゴメリーでの抵抗運動は、あらゆる点からして、アメリカにおける最初の大規模な抵抗運動でした。グレン・スマイリーは、『非暴力と穏《おだ》やかな説得者』という小冊《しょうさつ》子《し》に、次のように記《しる》しています。

「まずはじめに、非暴力が抵抗の方法として有効であることを、モントゴメリーの指導者と民衆に納得《なっとく》させることからはじめました。私は、一九五六年の一年間、黒人と白人の和解をめざす団体の支援《しえん》を得て、モントゴメリーなどの南部地域で活動していました。

キング博士に最初に会った時、具体的な要望を示されました。そして、次の点で同意したのです。

1　私は彼に、非暴力について知っていることすべてを教える。というのも、彼の告白によれば、彼はガンジーとその手法について、きちんと学んだことはなかったからです。

2　私たちは、教会およびモントゴメリーの指導者たちとともに、バスの抗議運動を支持して、非暴力にもとづいて闘うこと。

アラバマ州の人種隔離《かくり》主義者たちは、バス・ボイコット運動をつぶすために、脅《きょう》迫《はく》をはじめとするあらゆる策略《さくりゃく》をめぐらせました。黒人を相乗りさせる運転手を逮《たい》捕《ほ》したり、交通違反をでっち上げたり、相乗り車を待《ま》っている人々を放浪《ほうろう》のかどで逮捕すると脅《おど》かしたりしたのです。

キングたち指導者は、『スピード違反』のかどで投獄《とうごく》されました。また、猥褻《わいせつ》で侮辱的《ぶじょくてき》な脅迫状《きょうはくじょう》や電話もありました。キングは後に、一日に四十回もの電話がかかったことがあったと述べています。

キングは、身体的危害も免《まぬか》れませんでした。一月三十日に、キングの家の玄関先で爆弾が爆発したのです。まもなく、怒った数百人の黒人がその場に集まりました。多くは武装しており、市長や警察署長とともに到着していた警官たちと撃《う》ち合って決着をつけたいと、いきり立っていました。

しかし、キングは、自分たちの非暴力が試《ため》されていることを知っており、容易にその場をおさめることができたのです。

『さあ、落ち着こう』と、彼は忍耐《にんたい》するよう忠告しました。『武器を持っているなら、家に持ち帰ってください。持っていないなら、持とうとしないでください。報復的な暴力では、この問題は解決できないのです。私たちが彼らを愛していることを、教えましょう。

神の言葉は、世紀を超《こ》えて響《ひび》きわたっています。【あなたの敵を愛しなさい。あなたを憎む者に善を行いなさい。あなたをのろう者を祝福しなさい。あなたを侮辱《ぶじょく》する者のために祈りなさい】と。私たちは、そのように生きるべきなのです。憎しみに対して、愛で応《こた》えるのです』と。

しかし、警察は、運動を壊滅《かいめつ》させようと、強圧的《きょうあってき》に攻撃《こうげき》をつづけました。二月二十一日には、二十四人の牧師を含む九十人以上の黒人が告訴《こくそ》されたのです。ほとんど忘れられていた、一九二一年制定の労働法にある『不法なボイコット』が、告訴の理由でした。

キングたちは分離裁判を要求しました。逮捕《たいほ》を逃《のが》れようとした人が一人もいなかったのは興味深いことです。まず、三月十九日から二十二日にかけて、キングの裁判が行われました。有罪を宣告《せんこく》されましたが、上告《じょうこく》し、最終的に評決《ひょうけつ》は逆転しました」と。

その五月に、「モントゴメリー改革促進《そくしん》協会」は、バスでの人種隔離《かくり》をつづけている市の条例を否決するために、「全国黒人向上協会」の代理人に依頼して、地方裁判所に訴訟《そしょう》を起こしました。

バス・ボイコットはさらに七カ月つづき、連邦最高裁判所に上告されました。そして、ついに、一九五六年十二月二十日、彼らの訴《うった》えを支持する判決がモントゴメリーに届けられたのです。ボイコット運動は、開始から三百八十一日後に、激しい闘争を終えたのです。

ついに闘争は勝利をおさめました。その時、キングは、この勝利によって大きな責任を負わされたことにも気づいていました。

彼は後に、モントゴメリーのバス・ストライキとその後の勝利は、独立以来のアメリカ革命を完成するものであったと説明しています。しかし、彼は、勝利の興奮《こうふん》の中で過《あやま》ちをおかすようなことがあれば、黒人だけでなく、アメリカ自体が深刻《しんこく》な危機に直面することだろうと考えたのです。

それで、自由のために戦ったすべての人々に、次のような詳細《しょうさい》な訓令《くんれい》を出しました。

彼は記《しる》しました。

「二、三日以内に、最高裁の職務執行令《しっこうれい》がモントゴメリーに届き、あなた方は人種隔離《かくり》のないバスに乗ることになるでしょう。私たちはみな、それを維持《いじ》するという大きな責任を与えられています。

不愉快《ふゆかい》なことに出会ったとしても、よき市民として私たちの人種にふさわしい冷静さと威厳《いげん》をたもちましょう。言葉や行動の暴力を起こす人は、私たちの仲間ではありません」。

「あなた方の便宜《べんぎ》のために、次の提案《ていあん》を作成しました。非暴力の決意が危険にさらされないように、これらを読み、学び、暗記してください。

まず、いくつかの一般的な提案です。

一、白人全員が人種隔離のないバスに反対しているわけではありません。さまざまな立場の人々の善意を受け入れましょう。

二、これからは、バス全体をみなで使うことができます。空いている席に座《すわ》りましょう。

三、バスに乗りこむ時には、導きのために祈りましょう。そして、言葉と行動をもって、完全な非暴力をたもちましょう。
四、モントゴメリーの民衆の静かな威厳《いげん》を、行動で示しましょう。
五、すべての点で、礼儀正しくよい行動をするという規則を守りましょう。
六、この勝利は黒人だけのものではなく、モントゴメリーと南部のすべての民衆の勝利であることを忘れないようにしましょう。
七、冷静に、しかし友好的になりましょう。誇り高くあっても、傲慢《ごうまん》になるのはやめましょう。楽しくしても、騒《さわ》がしくするのはやめましょう。
八、悪を和《やわ》らげるに十分なほど愛し、敵を友に変えるに十分なほど理解しましょう。

あと、いくつか個別的な提案があります。
一、バスの運転手はバスに責任があり、法を守るよう教えられています。あなたがどの空席に座っても、運転手は協力してくれると思いなさい。

二、他の座席がない時以外は、わざわざ白人のそばに座《すわ》るのはやめましょう。

三、白人でも有色人種でも、人の隣《となり》に座る時には、『よろしいですか』『失礼します』と声をかけましょう。これがふつうの礼儀正しさなのです。

四、もし悪態《あくたい》をつかれても、悪態《あくたい》をつき返してはなりません。もし押されても、押し返してはなりません。もし打たれても、打ち返してはなりません。つねに愛と善意を示しましょう。

五、何か事件が起きたなら、なるべく小さな声で話し、つねに静かな調子を保ちましょう。席を立ってはいけません。事態《じたい》の状況を運転手に報告しましょう。

六、最初の二、三日は、非暴力的であると信じられる友人と一緒にバスに乗りましょう。目を合わせたり祈ったりすることで、互《たが》いに確認しあうことができます。

七、誰かが苦しめられていても、その人を守るために立ち上がってはいけません。いじめている人のために祈り、正義への努力を続けるために、道徳と精神の力を使いましょう。

八、和解《わかい》と社会変革を達成するために、あなた自身の能力と人格に応じて、新しい、創造的な手法による実験を行うことを恐れてはなりません。
九、以上の点を受け入れられないと思うならば、あと一、二週間は歩きなさい。私たちはすべての民衆を信じています。神のめぐみを」

これらの提案は、キングが状況を現実的に認識していることを示しています。また、彼がめざす平和と調和が、正義と平和のために戦う人々の訓練なくしては達成できないことを、雄弁《ゆうべん》に物語っているのです。

キングは後に、黒人たちがバスでの人種差別を廃止《はいし》するためにあらゆる努力をしたにもかかわらず、白人のグループが努力しなかったことを嘆きました。彼はまた、礼儀とキリスト教的な兄弟愛を要請《ようせい》する短《みじか》い声明を出すために、白人牧師と連携《れんけい》しようとしましたが、少数の牧師が応じたものの、大多数は「そのような物議《ぶつぎ》をかもす問題にあえて関《かか》わろうとはしな」かったのです。

キングは深く失望しました。そして、危機の間ずっと、白人牧師のグループが沈黙《ちんもく》を守っていたことを思い出しました。判決が下りれば彼らも立ち上がるだろうと期待をかけていたのですが、二、三の例外をのぞき、彼の期待ははずれてしまったのです。

モントゴメリーのバス・ボイコット運動が証明したのは、戦いの相手の心に打ち勝つ方法として非暴力が有効であるということ、そして、非暴力は人々を団結させるということです。バス・ボイコット運動には、白人に対する憎しみがみられなかったのです。さらに勇気づけられた点は、多くの白人のアメリカ人が道義的な支持を寄せたことでした。

モントゴメリーのバス・ボイコット運動は、アメリカ革命の「建国の祖父《そふ》たち」がすべての階層のアメリカ人に関《かか》わったことを、国民に思い起こさせました。同時に、キングのような若い指導者が、人種差別待遇《たいぐう》を廃止《はいし》させ、「アメリカの夢」の潮流《ちょうりゅう》を非暴力的に統合させることのできる道を開いたのです。

ガンジーの思想《しそう》との出会《であ》い

アトランタのモアハウス大学で学んでいた学生時代、彼はソローの『市民の抵抗《ていこう》』を読んでいます。邪悪《じゃあく》な制度への協力を拒否《きょひ》するという考え方が、彼の想像力を捉《とら》えました。深く感動した彼は、何度も繰り返して読んだといいます。「これは、非暴力的抵抗の理論とのはじめての知的な接触《せっしょく》でした」と彼は述べています。

キング博士の精神的発展において、とりわけ重要なのは、ガンジーをめぐるものです。神学生時代、フィラデルフィアで、インド訪問から帰ったハワード大学学長・モードカイ・ジョンソン博士が、マハトマ・ガンジーの生涯と教えについて語るのを聞き、いたく感銘《かんめい》を受けたのです。

「ガンジーのメッセージの衝撃《しょうげき》があまりにも強烈《きょうれつ》だったので、会合終了後、ガンジーの生涯と業績に関する本を、六冊も買いこんでしまったほどです」と、キングは後に述懐《じゅっかい》しています。彼はつづけます。

「私は、ガンジーについて聞いたことはありましたが、真剣に研究したことはあ

献身的な愛で支えた、
コレッタ夫人

1968年8月、
ワシントン大行進
「わたしには夢がある」
" I have a dream."

モアハウス大学時代に、メイズ学長（写真右）と出会った。
――その後ガンジー思想を学んだ

りませんでした。ところが、読み進むうちに、その非暴力的抵抗の運動に、深くひかれていったのです。

とくに、海に向かって行《おこな》った『塩《しお》の行進』と、何度も行った断食《だんじき》に、深い感銘《かんめい》を受けました。『サティヤーグラハ』の概念《がいねん》は、私にとって非常に重要なものでした。ガンジーの哲学を深く探究《たんきゅう》する中で、愛の力への懐疑《かいぎ》がしだいに消え、愛の力を社会変革に適応する可能性を理解するようになりました。ガンジーを読む以前には、私は、イエスの倫理《りんり》が有効なのは、個々人の関係だけであると考えていたのです。『別のほおを出す』という哲学と、『敵を愛する』という哲学は、個人が他の個人と争《あらそ》う場合にのみ有効であると、私は考えていました。人種集団と国家が争う場合には、もっと現実的なアプローチが必要だと感じていたのです。しかし、ガンジーを読んだ後、自分がまったくまちがっていたことがわかりました。

ガンジーは、おそらく、イエスの愛の倫理《りんり》を、個々人の相互関係から、強力で効果的な社会的な力へと大規模に上昇させた、最初の人物だったでしょう。私は、まさにこのガンジーの愛と非暴力の主張に、長い間探し求めていた社会変革の方途を発見したのです。

ベンサムやミルの功利《こうり》主義、マルクスやレーニンの革命方法論、ホッブスの社会契約説《けいやくせつ》、ルソーの『自然に帰れ』の楽観主義、ニーチェの超人論《ちょうじんろん》などからは得ることのできなかった、知的・道徳的満足を得ることができたのです。

私は、これこそが、自由を求める闘争において、抑圧《よくあつ》された民衆にただ一つ開かれている、道徳的・実践的に健全な方法であると、感じるようになりました。

ガンジーを研究したことによって、私は、真の平和主義とは、『悪への非抵抗』ではなく、『悪への非暴力的抵抗』であることを確信しました。二つの立場の間には、相違《そうい》があります。

ガンジーは、悪に対して、暴力的抵抗者と同じくらいの激《はげ》しさと力で抵抗しましたが、その抵抗は、憎悪《ぞうお》ではなく、愛によるものでした。

真の平和主義は、ニーバー（アメリカのプロテスタント神学者）が主張するような、悪の力への非現実的な降伏ではありません。むしろ、愛の力による悪との果敢《かかん》な対決であり、暴力の加害者になるよりは被害者《ひがいしゃ》になる方がよいとの信念にもとづくものなのです。

というのも、加害者は、宇宙《うちゅう》の悪と憎悪《ぞうお》を増幅《ぞうふく》させるだけであるのに対して、被害者は、敵対者の羞恥心《しゅうちしん》を呼びさまし、精神の転換と変革をもたらすからなのです」。

インド訪問《ほうもん》とその意味

キングは、ガンジーの哲学と戦略に精通《せいつう》するために、インドに旅することを望みました。そして、バス・ボイコット運動の勝利から三年後の一九五九年、ついに妻のコレッタとともにインドを訪問したのです。

彼は、インド訪問は「巡礼《じゅんれい》」であると説明しています。「他の国へは、ただの旅行者として行っただけですが、インドへは、巡礼者として行きました」と。

インド訪問がキングに与えた衝撃《しょうげき》について、コレッタは次のように書いています。

「富む人と貧しい人、唯物《ゆいぶつ》主義者と観念《かんねん》論者、哲学者と利己主義者など、はなはだしい対照《たいしょう》が見られるインドでの体験は、マーティンの心に大変な衝撃を与えました。

彼が学んだことの一つは、忍耐《にんたい》でした。インドの民衆が独立を獲得《かくとく》するまでに、ほぼ半世紀もかかったのです。インドの指導者たちが、十年以上も投獄《とうごく》されていたのに対し、私たちの指導者は、たった二、三日、あるいは二、三週間でした。たしかにアメリカでは、目的はすぐさま達成できると考えられており、受動的に待つ準備はありませんでした。私たちは、自由への闘争は忍耐を必要とすることと、私たちがまだ知らない苦悩を必要とすることを、インドの指導者たちから学んだのです」

現在では、インド訪問がキングに与えた影響は、今まで理解されていた以上に大きかったことが定説となっています。コレッタの回想は、その定説を裏付けるものです。

「インドから帰国したマーティンは、ガンジー流の非暴力の理想と簡素《かんそ》な生活に、以前よりも深く没頭《ぼっとう》しました。それをアメリカにいかに適用するかを、いつも思案していたのです。

つねに念頭にあった問題は、機械化の進んだアメリカの複雑な生活様式と、インドの生活様式が、かなり異《こと》なることでした。マーティンは、簡素な服装を身につけることすら考えたようです。でも、異様《いよう》な服装はかえって人々を遠ざけかねないことに思い至《いた》りました。目的は、あくまで民衆を運動に結集することなのですから。彼がめざしていた精神の質に比べれば、服装など皮相的《ひそうてき》な外形にすぎなかったのです」

コレッタが述べるように、インド訪問は、キングに大きな精神的影響を与えました。彼は、服装を変えることだけでなく、家族と縁を切ることまで真剣に考えたのです。

「彼は、決然と生きることを決意しました。インドでの体験から、アメリカ社会にはびこる堕落《だらく》の多くは、物質的なモノ——家、土地、車——を得たいという欲望からくるのだと感じたのです。そして、ついに私にいいました。『運動に献身《けんしん》する人間は家族を必要としない』と」

コレッタはつづけます。

「私は、その言葉に傷つくことはありませんでした。私や子どもたちを愛していないのではなく、運動に生命を捧《ささ》げたいのだということが、わかっていたからです。彼は、義務と、運動への献身を妨《さまた》げる愛との間で葛藤《かっとう》していました。

でも、私は知っていました。彼が私たちと一緒にいたのは、妻子が与える温《あたた》かさを彼が必要としていたからだと。そして、運動という点から見れば、妻子とともにいたことが、彼に、多くの民衆に近づける人間性を与えたということを。

インドの影響はとても強かったので、マーティンの良心はつねに問いかけていました――自分は真に非暴力的なのか、真に禁欲的《きんよくてき》なのかと。

彼は考えました。――アメリカでは、たびたび遠方に旅をする人は、仕事上、車で行く方が好都合《こうつごう》である。また、住居がなくては職務を果たすことができないし、電話がなければ、ゆゆしい困難におちいるだろう。

こう考えた彼は、アメリカの一般的な生活においてはモノを持たなければならないこと、また、その中で精神的にガンジーに近づく努力をしなければならないことに、思い至ったのです」と。

コレッタの記録によると、インド訪問は、キングに注目すべき洞察《どうさつ》を与えました。インドの精神について、また、ガンジーが、無為《むい》に過ごしていた数百万の人々を自由と正義をめざす非暴力の闘士へと変身させた手法についての洞察です。

キングは、インドを去るやいなや、インド訪問を手配《てはい》してくれたG・ラマチャンドラン博士に手紙をしたためました。

「インドを去った時、私は、非暴力的抵抗が、抑圧《よくあつ》された民衆の自由と人間の尊厳を求める闘争において、もっとも効果的な武器であることを、いっそう強く確信いたしました。実際、非暴力以外には、永続的な道はないのです。

非暴力的な方法によって民衆の自由を達成するとの決意をもって、私はアメリカに戻りました。インド訪問の結果、私は、非暴力をより深く理解でき、より深く関《かん》与《よ》するようになったと信じております。帰国して以来、私は、このメッセージをアメリカ中に届けようと試《こころ》みているのです」

キングは、ガンジーの哲学を深く探究《たんきゅう》するにつれて、愛の力への懐疑《かいぎ》がしだいに薄れていくのを感じました。社会改革における愛の力の有効性に気づいたのです。そして、長い間探究してきた社会改革の手法として発見したのが、ガンジー流の愛の強調と非暴力でした。

それが、「抑圧《よくあつ》された民衆の自由闘争に開かれている、道徳的かつ実践的に完全な手法である」ことを確信したのです。

コレッタは、キングがしだいに、非暴力は「ある人間、家族、共同体のみに関《かか》わるものではなく、総体的な哲学である」と感じるようになったと指摘します。

「すべての生命は相互《そうご》に関連しています。私たちは皆、ともに結びつけられているのです。中国の北京《ペキン》に住む人々に影響を与える問題は、アメリカのハーレムに住む人々、そして世界中の人々にも影響を与えます。

私たちは、自分自身を気づかうのと同じように、他の人々についても気づかわなくてはなりません。自分の問題だけに焦点《しょうてん》を当てることはできないのです。

私たちは、全世界の文化や言語を学ばなくてはなりません。また、アメリカの歴史だけでなく、私たちと異なる人々、国境の外にいる人々の歴史も、学ばなくてはならないのです。

マーティンは、いつも言っていました。私たちは分かちがたい相互依存《いぞん》関係のネットワークの中に結びつけられているのだと。一人の人に直接的に影響を与えるものが、他のすべての人に間接的に影響を与えるのです」

モントゴメリーのバス・ボイコット運動と、キングのインド訪問の後、アメリカでは、かつてないほど良く計画された大衆運動が展開されました。

キングは、法的に容認《ようにん》された人種隔離《かくり》に反対して多くの行進を率《ひき》い、かなりの成功をおさめることができました。

彼がかつて語ったことは重要です。

「牧師としての職務が、私をこの立場に押しやったのです。もし、私が、闘争において、道義をわきまえて責任を認め、できるかぎりのことをするのでなければ、道を踏《ふ》み外《はず》した忘恩《ぼうおん》の徒《と》となってしまうことでしょう」

彼は、とても謙虚《けんきょ》な人間だったので、自分は「道具」であり、理念《りねん》を体現する存在にすぎないと考えていました。

非暴力闘争は、モントゴメリーの民衆や、リトル・ロック高校（一九五四年、連邦最高裁は、公立高校における白人・黒人分離教育は違憲《いけん》との判決を下した。それにもとづき、五七年に九人の黒人生徒の高校入学を護衛《ごえい》するため、軍隊まで派遣《はけん》した）の生徒たちがすでに示したように、威厳と勇気をもって遂行《すいこう》されるならば、道徳の頽廃《たいはい》を止めることができるでしょう。しかも同時に、長い間アメリカの良心が無視してきた民衆の貧困、疾病《しっぺい》、無教育に対して、真正面から攻撃をしかければ、いっそう確実な勝利がもたらされるでしょう。

そこで彼は、二方面からの運動を提唱しました。黒人の低水準の根本的な原因である隔離体制に抵抗しつづける一方で、黒人の水準を建設的に改善する必要があると指摘したのです。「原因への攻撃と、結果の回復の間には、リズミカルな交替《こうたい》関係がある」ことを、思い起こさせたのです。

「わたしには夢《ゆめ》があります……」

キングが構想したもう一つの重要なステップは、「南部キリスト教指導者会議」の創設者で議長でもある彼が率《ひき》いた、一九六三年のワシントン大行進でした。この企画は、さまざまな傾向をもつ黒人たちを団結させただけでなく、アメリカ中に大きな衝撃《しょうげき》を与えたのでした。

その時の「わたしには夢があります……」との演説は、すばらしい雄弁と高貴な感情をそなえた、最高水準の手本であります。

「わたしには夢があります。いつの日か、ジョージアの赤土の丘《おか》の上で、かつての奴隷《どれい》の子どもたちと、かつての奴隷主の子どもたちが、兄弟のように一つのテーブルにつく時がくるでしょう。

わたしには夢があります。いつの日か、人々の不正と抑圧《よくあつ》の熱気でむせかえるミシシッピ州も、自由と正義のオアシスになるでしょう。

わたしには夢があります。いつの日か、私の四人の小さな子どもたちが、肌《はだ》の色によってではなく、人柄《ひとがら》で評価されるような国に生きることでしょう。

わたしには夢があります。いつの日か、人種差別主義者と知事が連邦《れんぽう》政府の人種差別禁止の命令に対し、無効とか妨害《ぼうがい》の言葉を口に出すアラバマで、まさにそのアラバマで、黒人の子どもと白人の子どもが手に手をとって、兄弟のように一緒に歩く時がくるでしょう。

わたしには夢があります。いつの日か、『谷間という谷間は高められ、あらゆる丘《おか》や山は低められ、険《けわ》しい道は平らにされ、曲《ま》がりくねった場所は真《ま》っ直《す》ぐにされ、そして神の栄光が啓示《けいじ》されて、人みなともにそれを見る時がくるでしょう』（聖書の引用）

「これが、私たちの切なる願いなのです」

ここで掲げられたキングの夢は、大部分が実現しました。

キングは、道徳法が至高《しこう》のものであると堅く信じていたので、民主主義の枠内《わくない》で万人の正義を実現しようと努《つと》めました。そして、彼は、悪を行う人々の心の中で変化が起こるまで待つ忍耐力《にんたいりょく》をそなえていました。そして、アメリカの制度を信頼し、アメリカ人が道理をわきまえて、その制度を尊重《そんちょう》することを深く信じていたのです。

非暴力が効果をあげるのは、それが広く行きわたり、国家規模での市民的不服従という、持続的で抑制《よくせい》的な直接行動が達成された時だということを示すのが、彼の意図《いと》でした。

さて、ベトナム戦争は、公民権《こうみんけん》活動家・人権の闘士であったキングの生涯における、もう一つの転換点となりました。彼は、アメリカが悲惨《ひさん》なベトナム戦争に関与《かんよ》するのを正当化することはできませんでした。彼は、国内での不正に対する闘争と、海外での不正に対する闘争を、分けて考えることができなかったのです。

「キングには愛国心がない」などとあえて言い立てる人こそいませんでしたが、ベトナム戦争への批判は、黒人たちの間ですら、彼の人気に暗い影《かげ》を落としました。アメリカ以外の世界各地では、その批判が、平和と正義を求める、堅忍不抜《けんにんふばつ》の改革者であるとの名声を高めたのですが。

モーリス・フリードマンは、次のように記《しる》しています。

「マーティン・ルーサー・キングは、人種差別《さべつ》主義と社会的不平等《ふびょうどう》に対する闘争における、アフリカ系アメリカ人の代表者だったばかりでなく、解決に向けた対話の準備をしていた人物であり、現実的な状況にのっとった人物であり、国内的にも国際的にも、自分の人種に影響を与えただけでなく、人間としての義務を全体的・具体的《ぐたいてき》にその兆候《ちょうこう》を見出した人物でした。そのことを、誰が疑うでしょうか。

一九六七年四月十五日、私は、キングが率《ひき》いるベトナム戦争反対のニューヨーク大行進で、最大の誇りをもって四万人の民衆とともに行進しました」と。

キングは、ガンジーと同じく、人生の最後の数カ月間に、困難《こんなん》で苦渋《くじゅう》に満《み》ちた決断《けつだん》を行わなければなりませんでした。その頃、「ブラック・パワー」運動の過激《かげき》論者たちは、もはやキングを指導者とはみなさず、非暴力を指導的な精神・手法《しゅほう》であるともみなさなくなっていたのです。

キングの試練《しれん》

一方、アメリカの大都市の黒人ゲットーでは、大規模な暴動があいついで発生し、計画的な暴力や自然発生的な暴力の危険性も増しました。キングは、新たな同盟者を選んだり、急速に展開する状況に対処《たいしょ》するための戦略を立てたりしなければなりませんでした。

彼は、公民権運動の最前線にとどまるためには、今まで反対してきた暴力を奨励《しょうれい》するか、少なくともそれと折りあわなければならなかったのです。この運動で新たな共通の主張をうち立てられないならば、活動は停止し、その結果、彼は忘れられてしまうでしょう。

しかし、キングは、引き裂かれた状況に直面して、信念を貫《つらぬ》き通しました。そして、メンフィスのストライキに加わり、みごとな「貧困者《ひんこんしゃ》のキャンペーン」を組織したのです。そして、正義と自由を求める決然《けつぜん》とした闘争において、彼を導いてきた精神と原理から離れることを、断固《だんこ》として拒否《きょひ》したのです。

人類《じんるい》に対するキングの貢献《こうけん》

人類に対するキングの貢献は、少なからぬものでした。彼は、不朽《ふきゅう》の社会的・政治的改革者、闘士へと登りつめたのです。

彼は、ガンジーの非暴力の概念《がいねん》と実践を理解、応用し、それらにアメリカという地域的色彩をほどこしました。その際の手法は、彼が創造的な思考とエネルギーの持ち主であることを物語っています。

モントゴメリーでのバス・ボイコット運動は、「新しい黒人」という発想の口火《くちび》を切り、数百万のアメリカ人の意識に突《つ》き刺《さ》さりました。

キングが一九五四年から六八年にかけて率いた主な運動は、彼の偉大な指導力と非暴力主義を実証するものでした。同時に、彼が、少数派であるアメリカ黒人の指導者であるだけでなく、抑圧《よくあつ》されたすべての民衆への不正な扱いを正す戦いをしている人々に対して、方向性を与えた指導者であることを、まざまざと示したのです。

キングは、世界中の抑圧された民衆の声に、一挙《いっきょ》に表現を与えました。実にみごとなビジョンと手法をもってさまざまな運動を鼓舞《こぶ》しました。それは正義と自由への彼の熱意を明らかにしたのです。

一九六二年には、ニューヨーク州オールバニーで、アファーマティブ・アクション（積極的優遇措置《ゆうぐうそち》）によって、人種隔離《かくり》的でない公営宿舎が保障され、一九六四年には、セルマで、人種隔離的でない公営宿舎の保障をめざす運動が開始されました。また、一九六五年には、簡単《かんたん》に選挙権登録《とうろく》ができるように求めるセルマの運動が展開されました。これは、法的に選挙権があるとはいうものの、現実の手続き段階ではそれが妨害されていたからです。

一九六六年のシカゴでの抵抗《ていこう》運動は、住宅の開放と黒人スラムの廃止《はいし》をめざし、一九六七年のクリーヴランドでの運動は、スラム廃止と、黒人青年の就業《しゅうぎょう》を要求しました。また、チャールストン計画（一九六八年）は、病院労働者を組織する権利の保証をめざしました。

一九六八年に行われた最後のキャンペーンは、アメリカ国内の貧困《ひんこん》をなくすために各地で展開された、「貧困者のキャンペーン」でした。

非暴力は、キングがガンジーの手法を採用する以前には、小さな宗教共同体によって、あるいはインドでガンジーと共に働いた人々によってのみ用いられる概念とみなされていました。

インドでは、ガンジーの成功にあずかったのは、主として宗教だとされていたのです。キング博士は、非暴力が、怒《いか》りや憎《にく》しみにかわり効果的に用いられるならば、共に働き、進歩しゆく民主的な社会を構築《こうちく》する上で、不可欠《ふかけつ》な要素となりうることを実証しました。

現在、地球的規模で非暴力への目ざめが見られますが、その大部分は、ガンジーとキングの先駆的《せんくてき》な努力に負《お》うものです。しかし、非暴力は、他の哲学と比べれば、いまだ萌芽的《ほうがてき》な段階にあるのです。

ガンジーとキングの業績《ぎょうせき》

ガンジーとキングの業績は、世界中の自由の闘士や人権活動家に勇気を与えました。ガンジーとキングの非暴力《ひぼうりょく》には、次のような明らかな類似点《るいじてん》があります。

一、第一に、非暴力的抵抗は臆病者《おくびょうもの》の方法ではないことが認識されている点です。それは、効果的な抵抗《ていこう》なのです。恐れから、あるいは武器を持っていないという理由だけでこの方法を用いる人がいるならば、その人は真の非暴力主義者ではありません。

二、ガンジーの非暴力とキングの非暴力を性格づける第二の基本的な点は、敵対者を打ち負かしたり、面目《めんもく》をつぶしたりするのではなく、友好関係と相互理解を勝ち得ようとする点です。

非暴力の抵抗者は、しばしば非協力やボイコットによって抵抗を示しますが、それ自体が目的ではないことを知っています。それらは、敵対者の道徳的羞恥心《しゅうちしん》を目覚めさせる手段にすぎないのです。目的は罪の贖《あがな》いであり、和解です。非暴力の後にくるものは、愛しあう社会の創造であり、暴力の後にくるものは、悲劇的な憎しみなのです。

三、この方法の第三の特質は、攻撃が向けられるのは、たまたま悪を行っている人間に対してではなく、悪の力に対してだということです。非暴力の抵抗者が打ち負かそうとしているのは、悪そのものであり、悪の犠牲《ぎせい》になっている人間ではないのです。非暴力的な抵抗者は、人種差別の不正に反対するとしても、人種間には基本的な緊張はないことを知っています。

四、非暴力的抵抗の第四番目の特質は、報復《ほうふく》することなく苦しみを受け入れることであり、敵対者からの殴打《おうだ》を受け入れることです。

五、非暴力的抵抗に関《かか》わる第五の点は、それが、外的・肉体的暴力だけでなく、精神の内なる暴力を避ける点です。非暴力的な抵抗者は、敵対者を銃で撃《う》つことを拒絶《きょぜつ》するだけでなく、その人を憎むことも拒絶《きょぜつ》するのです。非暴力の核心にあるのは、愛の原理なのです。

キング博士による非暴力への巡礼と、ガンジーの戦略の採用は、あらゆる抑圧《よくあつ》を終わらせ、正義を実現し、人々を活力化し、非暴力と平和の道へと導くための、人類の重要な歩みなのです。

ノーベル賞委員会議長のガナー・ジョン博士は、「キング博士は、暴力抜きで闘争が行われうることを、西洋においてはじめて実証した人物です」と語っています。これは、彼の偉大な業績《ぎょうせき》を要約するものといえましょう。

当時、ガンジーがインドで用いた手法と戦略を、アメリカの数百万の黒人の自由と正義の実現のために用いることができると考えた人は、ほとんどいませんでした。

かつてキングは、自身の哲学を次のように説明したことがあります。

「個々人が不正な制度に対して立ち上がる時、座《すわ》りこみ、合法的行動、ボイコット、投票、そして暴力や憎悪《ぞうお》以外のすべてのものによって、非暴力的に闘いうることができると、私は信じます」

キングの運動の多くは、彼自ら説明しているように、計画的な闘争でした。

キングの戦略を理解する上で、ここでもまた、コレッタの発言が役立つでしょう。

「夫はよく子どもたちに、やることがない人間は死んだ方がよい、その人は生きるのにふさわしくないのだ、といっていました。また、どのくらい長く生きたかではなく、いかによく生きたかが問題なのだ、とも語っていました。

彼は、肉体的な人生がいつの日か断ち切られるかもしれないことを知っていたのです。私たちは、その可能性に、堂々と誠実に立ち向かいました。彼も、死の可能性に、苦しみも憎しみもなく向き合いました。

この社会は病んでいること、そして、彼の高潔《こうけつ》さを疑い、真意を中傷《ちゆうしよう》し、見解《けんかい》を曲解《きよくかい》するような人種差別主義と暴力のためにすっかり荒廃《こうはい》してしまっていることを、彼は知っていたのです。この社会は、結局、彼の死を招いてしまいました。彼は、全エネルギーを使って、この社会を救おうと闘いました。

彼はけっして憎みませんでした。けっして絶望せず、敵意のある行動をしませんでした。私たちにも同じようにするよう勇気づけてくれ、つねに悲劇《ひげき》に備《そな》えさせてくれたのです。

私たちは彼の教えが実《みの》ったことに驚き、喜んでいます。子どもたちは静かにいったのです。『お父さんは死んではいない。身体は死んだけれども、魂《たましい》はけっして死なない』と。

私たちの家庭は、宗教的な家庭でした。このことが、心の負担《ふたん》を和《やわ》らげてくれました。現在、私たちが願っていることは、彼の仕事が死滅しないことです。

彼は、その生涯を、世界の貧しい人々のために捧げました。メンフィスのゴミ収集人やベトナム農民に。暴力で問題を解決しようとすることほど、彼を傷つけることはありません。彼は、破壊的《はかいてき》な方法ではなく、よりすぐれた方法、効果的な方法、創造的な方法を求めることに、その生涯を捧《ささ》げたのです。

私たちはその方法を探すつもりです。そして私は、彼を愛し、称賛《しょうさん》してくださった方々が、彼の夢の実現のために、私たちに加わってくださることを期待します。黒人をはじめとする束縛《そくばく》された民衆が真に解放される日、貧困がなくなる日、戦争がもはや起こらない日がきた時にはじめて、夫は、平安に休息することでしょう」

アメリカの平和活動家で、ガンジーの崇拝者《すうはいしゃ》でもあるホーマー・A・ジャックは、ガンジーとキングの生涯が似通《にかよ》っていることを指摘しました。

「この二人は、十分に高い教育を受けました。また、結婚して四人の子ども（ガンジーは四人の息子、キングは息子二人と娘二人）をもうけています。そして、二人とも、『サティヤーグラハ』の手法を用いて、大規模な政治運動を率《ひき》いました。

また、二人とも官職《かんしょく》にはつきませんでしたが、当時の多くの政治家よりも大きな勢力を拡大し、大きな称賛を得ました。また、二人ともカリスマ的な人物でした。

さらに、非暴力の信奉者《しんぽうしゃ》でしたが、皮肉《ひにく》にも凶弾《きょうだん》に倒れました。両者は、死においても、生においても、当時のもっとも偉大な人道主義者とみなされています。

世界は二人の逝去《せいきょ》を心から悼《いた》みました。両者は闘争の真《ま》っただ中で、勝利ではなく、失望を感じながら、亡くなったのです」

とはいえ、ガンジーとキングの生涯は、完全に似《に》ているわけではありません。

ガンジーは、アフリカで数十年を過ごしましたが、アジア人でした。アメリカを訪れたこともありませんでした。

キングは二十世紀に生まれました。二人の生涯は、二十年間重なっていました（キングが生まれた一九二九年から一九四八年まで）。しかし、二人は会ったことも、手紙のやり取りをしたこともありませんでした。

ガンジーは、死ぬまで二十歳年下のキングの存在を知りませんでした。が、共通の友人（ステューワート・ネルソンとアミヤ・チャカウラヴァルティ）はいました。

ガンジーはヒンドゥー教徒で、キングはキリスト教徒でした。また、ガンジーは弁護士で、キングは牧師《ぼくし》でした。ガンジーは七十八歳まで生き、キングは三十九歳で倒れました。

ガンジーはインドの多数派の指導者で、キングは少数派の指導者でした。ガンジーは世界中から深く崇敬《すうけい》されましたが、ノーベル賞を受けたのはキングだけでした。

二人とも後継者《こうけいしゃ》がいませんでしたが、ガンジーは、死後十年後に後継者となるヴィノーバ・バーヴェを訓練していました。キングは、「南部キリスト教指導者会議」の会長を継承者としており、キングの死後まもなく、ラルフ・ディヴィッド・アバナシー博《はく》士《し》が会長職を引き継いでいます。

さて、キングは、伝統的な意味での作家ではありませんでした。活動を補完するために書いたのです。初期の著作と後期の著作とを比べてみると、彼の思想が一九六〇年代にほとんど変化していないことがわかります。

最後の書『良心のトランペット』（死後の一九六八年に出版）にも、キングが手段《しゅだん》―目的関係に関心をもちつづけており、それがベトナム戦争に応用されています。彼は述べています。

「この世に平和をもたらすには、目的と手段が一貫性《いっかんせい》をもっていなくてはならないという非暴力の確信を、人類も国家も受け入れなくてはなりません」。

しかし、アメリカの対外政策は、こうした考え方を無視しました。それで、「平和な手段を用いて目的を追求しなくてはならない」という基本的な真理が見落とされ、「アメリカの爆弾がベトナムに投下されるたびに、ジョンソン大統領は、熱弁をふるって平和を唱え」たのです。

一九六四年にノーベル平和賞を受賞した国際人であるキングは、人生の終幕《しゅうまく》近く、果敢《かかん》にまた自《みずか》らすすんで、地球的問題群や「世界の良心」について語っています。

しかし、キングという星が天の高《たか》みにのぼっていくにつれ、モントゴメリーの体験はしだいに遠く離れたものになっていくように思われました。

世界中からの絶賛《ぜっさん》は、キングの精神の内なる闘争を静めてくれたでしょうか。いや、むしろ増大させたようなのです。キングは、罪の感情と、自分の人間的価値への懐疑《かいぎ》に悩まされ、最後まで厳しい絶望感に苦しみました。さらに、死の苦悶《くもん》も彼の心を捉《とら》えていたのです。

かつて、ガンジーを通して「怒りを結集するだけでなく、それを積極的で創造的な力へと方向転換させること」を知ったキングが、その時には、心因性《しんいんせい》の混乱によって、創造的なエネルギーを発揮できなくなってしまったのです。ブラック・パワー運動が伸展《しんてん》するにつれて、彼は、歴史が自分を追い越してしまうのではないかと恐れました。

ガンジーも、とくに「塩《しお》の行進」で決定的な突破口《とっぱこう》を開く前の一九二〇年代後期に、そのような懸念《けねん》を抱きました。

キングは、四十代か五十代になって、モントゴメリーに匹敵《ひってき》するような意識の跳躍《ちょうやく》を成し遂げることができたでしょうか。いいえ、できませんでした。アメリカの人種差別主義が、彼にそのチャンスを与えなかったのです。

彼は晩年、繰り返し聴衆に問いました。「われわれは、ここからどこに向けて進むのでしょうか」と。ストークリー・カーマイケルのような過激《かげき》な黒人青年は、答えたことでしょう。「マーティン坊や、あっちへお行き」と。

キングが提供《ていきょう》できた最大のものは、「サティヤーグラハ」（非暴力的抵抗運動）でした。これは、カーマイケルやブラック・パンサーを十分に満足させることはできませんでしたが、キングがガンジーの手法に固執《こしつ》していたことを、はっきりと示すものでした。

キングは、死の五カ月前に行った講演で、運動の「行き詰《づ》まり」を非難しました。経済問題、とくに黒人たちの過酷《かこく》な貧困に焦点を当て、攻撃の方法を提案したのです。

「今や、非暴力的抵抗は、高まった黒人の焦慮《しょうりょ》と、硬直《こうちょく》した白人の反抗に対応して、新しい次元にまで成熟《せいじゅく》させる必要があります。それは、全体社会に対する陳述《ちんじゅつ》にとどまってはなりません。いくつかの要所で、全体社会の機能を中断させる勢力が存在しなくてはならないのです。

とはいえ、その中断は、こそこそと秘密裡《ひみつり》に行われるものであってはいけないし、ゲリラのロマン主義を帯《お》びる必要もありません。公然と、何よりも暴力をともなわず、多くの民衆が行うものでなくてはならないのです。

もし、刑務所がいっぱいになってしまい、運動が続行できなくなったとしたら、その意味はいっそう明確になるでしょう。黒人はいうことでしょう。『私は、違法《いほう》行為《こうい》の罪を免《まぬか》れようとは思いません。あなた方が犯《おか》した罪のすべてを、喜んで耐え忍んでいるのです』と」

闘争の新しい段階としての大衆的市民不服従は、ゲットーの奥深くにうずまく怒りを、建設的で創造的な力に転換させることができるのです。

これは、「サティヤーグラハ」の記憶をすぐさま思い起こさせるものであり、そこには、「塩の行進」でガンジーが述べたことが反映しているのです。この講演は、インドから帰国したキングが、一九五九年にモントゴメリーでの集会で行った、ガンジーをめぐる説教をほうふつとさせます。

しかし、ガンジーの大衆的市民不服従とは異《こと》なって、これは、果たされない約束、けっして行動には移されない理念に終わってしまいました。

キングは、「死後に、どのような人物として思い出されたいですか」との質問に、次のように応えています。

「マーティン・ルーサー・キング・ジュニアは、他の人々のために一生を捧《ささ》げた、人類を愛し、人々のために働いてきたと、いわれたいものです。……もし、ともに歩む誰かを助けることができるなら、もし、歌で誰かを元気づけることができるなら、そして、もし、その人がよくない旅をしていることを教えることができるなら、いかなる生涯もムダではないでしょう」

アメリカ内外で人権意識が目ざめ、抵抗《ていこう》と市民的自由の運動が伸展《しんてん》しています。これは、キングが点火した火花が、さまざまな形と力を持つ炎へと勢いを増したこと、そして、彼の「夢」が地球上の数百万の人々を鼓舞《こぶ》しつづけていることを、雄弁《ゆうべん》に物語るものです。

おそらく、ロバート・ローストがいうように、「森は暗く深くおおわれている。……眠りにつく前に、まだ数マイル行かなくてはならない」でしょう。

「勝利をわれらに」の歌には、世界中の抑圧《よくあつ》された人々の、非暴力闘争の叫《さけ》びがこめられているのです。

第四章　池田大作——輝《かがや》きに満《み》ちた灯台《とうだい》

二十世紀最後《さいご》の四人の人物《じんぶつ》

二十世紀の最後の十年間に、世界中の人々から大きな注目を集めた四人の人物がいました。ネルソン・マンデラ博士《はくし》、池田大作博士、ビル・クリントン大統領《だいとうりょう》、そしてビル・ゲイツです。

ビル・クリントンは、アメリカ合衆国《がっしゅうこく》大統領として、また冷戦《れいせん》後の一極的《いっきょくてき》世界における指導者として、「時の人」となりました。

ネルソン・マンデラ博士は、ガンジーや、公民権運動《こうみんけんうんどう》の指導者キングが行《おこな》った非暴力《ひぼうりょく》的抵抗《ていこう》が持つ力をよみがえらせ、さらなる成果をあげました。

一方、ＳＧＩ《エスジーアイ》（創価学会インタナショナル）会長である池田大作博士は、文化、教育、展示活動、対話外交、青年たちの交流といったさまざまな活動を通じて世界平和を推進《すいしん》するという、非暴力と対話による新しい方式、戦略を編《あ》み出したのです。博士《はくし》は、これらの活動が、「人間革命《にんげんかくめい》（各人の内面の活力化）とルネサンス（人類の復興《ふっこう》）」をもたらすと確信しています。

また、ビル・ゲイツは、ブームとなっている情報技術《じょうほうぎじゅつ》を象徴《しょうちょう》する人物です。

池田博士と創価学会の民衆運動《みんしゅううんどう》

池田博士は、創価学会の第三代会長として、民衆運動が世界平和実現にひじょうに大きな役割を果たせることを、身をもって示し、歴史家であれば不可能というかもしれないことを、みごとに達成してきた人物です。

牧口常三郎《まきぐちつねさぶろう》によって創設《そうせつ》された創価学会は、十三世紀の、宗教的哲人《てつじん》であり革命家《かくめいか》でもある、日蓮《にちれん》の教えを基盤《きばん》としています。日蓮は、『法華経《ほけきょう》』を中心にブッダの教えにもとづき、日本の仏教界《ぶっきょうかい》に革命的《かくめいてき》な変革《へんかく》をもたらしました。

ブッダは、民衆《みんしゅう》に直接的《ちょくせつてき》な悟《さと》りへの具体的な道を示《しめ》しはしませんでした。その代《か》わり、仏教《ぶっきょう》にのっとって生きる人々が信奉《しんぽう》し、従《したが》うための、瞑想《めいそう》法や修行法《しゅぎょうほう》を残したのです。しかし、このことが、のちにきわめて深刻《しんこく》な混乱《こんらん》をもたらし、一般《いっぱん》の人々は成仏《じょうぶつ》（悟《さと》り）への方途《ほうと》をさまざまに解釈《かいしゃく》することになってしまいました。

人類の貴重《きちょう》な宝《たから》の一つである『法華経《ほけきょう》』は、包括的《ほうかつてき》な経典《きょうてん》です。『法華経《ほけきょう》』によれば、ブッダは無限《むげん》に遠い過去《かこ》に成道《じょうどう》したとされます。『法華経《ほけきょう》』は、ブッダが成仏《じょうぶつ》した際《さい》にのっとっていた法の特質《とくしつ》に、光《ひかり》を当てています。

そして、日蓮《にちれん》は、『法華経《ほけきょう》』の予言《よげん》通り十三世紀に出現《しゅつげん》し、南無妙法蓮華経《なむみょうほうれんげきょう》の法を打ち立てたのです。日蓮は、ブッダが厳格《げんかく》な修行法を示《しめ》したのとは異《こと》なり、修行法《しゅぎょうほう》を簡略化《かんりゃくか》し、具体的《ぐたいてき》で容易《ようい》なものにしました。

創価学会は、日蓮の革新《かくしん》的な仏教解釈《かいしゃく》に啓発《けいはつ》され、新しい世界秩序《ちつじょ》を構想《こうそう》した、傑出《けっしゅつ》した教育者である牧口常三郎が、日本ではじめた民衆《みんしゅう》運動です。一握《ひとにぎ》りの在家《ざいけ》信者（僧侶でない信者）によって、ささやかに出発した創価学会は、以来、わずか七十年あまりで、池田博士の指導のもと、戦後、最大の宗教、教育、文化運動へと発展したのです。現在、日本では一千万人以上、海外では百九十カ国に多くの会員を擁《よう》しています。模範《もはん》的な教育、文化、宗教、革命運動として出現した創価学会は、驚異《きょうい》的な発展を遂《と》げました。これはひとえに、すぐれた構想力をそなえると同時に実践主義者でもある、第三代会長・池田大作博士《はくし》――戸田城聖《とだじょうせい》第二代会長の弟子《でし》――のダイナミックな人間性と、たえまない努力《どりょく》のたまものなのです。

池田博士の生《お》いたち

ここで、池田博士がたどってきた道を、駆《か》け足で振《ふ》り返ってみましょう。

池田大作博士は、一九二八年に東京に生まれました。当時《とうじ》の日本は軍国主義《ぐんこくしゅぎ》におおわれており、やがて、日中《にっちゅう》戦争（一九三七～四一）から太平洋《たいへいよう》戦争（一九四一～四五）へとまっしぐらに突《つ》き進んでいきました。

一九四五年の敗戦《はいせん》の年、池田博士は十七歳でした。少年時代の最《もっと》も多感《たかん》な時期《じき》を、博士は戦時下《せんじか》の不穏《ふおん》な空気の中で過ごしたのです。

博士は池田家の五男でしたが、四人の兄はすべて徴兵《ちょうへい》され、長兄《ちょうけい》・喜一氏は二十九歳の若さで戦死《せんし》を遂《と》げています。この体験が、のちに博士の強固《きょうこ》な反戦《はんせん》・平和思想の礎《いしずえ》となりました。池田博士は著作《ちょさく》の中で次のように語っています。

「戦争当時《とうじ》、私の夢《ゆめ》は少年航空兵《こうくうへい》になることでした。誤《あやま》った軍国主義教育の結果《けっか》でしたが、当時の少年たちは、誰《だれ》もが愛国心《あいこくしん》から、戦争へ志願《しがん》したものです。

しかし、私の志願の意向《いこう》に対しては、父は私を、後にも先にもないほどの勢《いきお》いで叱《しか》りつけました。『どんなことがあっても行かせない』と。私の兄は、四人とも徴兵《ちょうへい》されました。それは『もうたくさんだ。これ以上《いじょう》、息子《むすこ》をもっていかれてたまるか！』という、父の人間としての叫《さけ》びだったと思います。今も、その叫びは胸《むね》に響《ひび》いています。長兄《ちょうけい》は一九四五年に、ビルマ（現《げん》ミャンマー）で戦死《せんし》しました。戦死の報《ほう》を受《う》け取《と》った時の、母の哀《かな》しく寂《さび》しそうな背中《せなか》を、はっきりと覚《おぼ》えています。

同《おな》じ四五年の五月には、こんなこともありました。叔母《おば》の家《いえ》の近《ちか》くに、墜落《ついらく》したアメリカの航空兵がパラシュートで落ちてきました。若《わか》い米兵《べいへい》は、棒《ぼう》でさんざん殴《なぐ》られ、蹴《け》られたあげく、目隠《めかく》しをされて憲兵《けんぺい》（兵隊を取り締まるための軍隊の警察官）に連行《れんこう》されていきました。その様子《ようす》を伝《つた》えると、母は『かわいそうに！ その人のお母さんはどんなに心配しているだろうね』と言っていました。ありのままの『母』の声でした。それはそのまま、世界の母に共通《きょうつう》する普遍《ふへん》の愛《あい》でありましょう」

生涯《しょうがい》の師・戸田城聖《とだじょうせい》との出会《であ》い

戦争が終わって二年目にあたる一九四七年の夏、当時十九歳の池田博士は、生涯《しょうがい》の師《し》と仰《あお》ぐ戸田城聖（のちの創価学会第二代会長）との運命的な出会《であ》いを果《は》たします。そして、その夏、創価学会に入会し、宗教者としての一歩を踏《ふ》み出したのです。

戦時中、軍部は「国家神道《しんとう》」（明治維新以降、天皇を神としてつくられた国家宗教）による宗教統制《とうせい》を行《おこな》い、神道以外の宗教団体に大規模《だいきぼ》な弾圧《だんあつ》をくわえました。創価学会（当時は「創価教育学会」）も、弾圧された団体の一つでした。戸田や、その師《し》にあたる牧口常三郎初代会長ら、主《おも》だった幹部《かんぶ》は逮捕《たいほ》・投獄《とうごく》されました。そして、戸田は獄中《ごくちゅう》でも非転向《ひてんこう》を貫《つらぬ》き、日蓮仏法への信仰《しんこう》を棄《す》てなかったのです。そして、同じく非転向を貫いた牧口は、老衰《ろうすい》と栄養失調《えいようしっちょう》により獄死《ごくし》を遂《と》げています。

戦時中《せんじちゅう》の過酷《かこく》な体験をくぐり抜けてきた池田博士にとって、軍部の弾圧に抗《こう》して信念を貫《つらぬ》きとおした戸田は、それだけでも尊敬《そんけい》に値《あたい》する人物でした。博士自身、「日蓮仏法の理論を理解したというより、戸田先生という人物を信頼《しんらい》したからこそ学会に入会したのだ」という意味のことを、のちに述懐《じゅっかい》しています。

戸田は、軍部の弾圧によって壊滅状態《かいめつじょうたい》にあった創価学会を再建《さいけん》するため、獄中生活《ごくちゅう》ですっかり衰弱《すいじゃく》した身体《しんたい》に鞭打《むちう》って奔走《ほんそう》しました。

彼は、宗教家であると同時に優《すぐ》れた実業家《じつぎょうか》でもあり、出版社《しゅっぱんしゃ》などを経営《けいえい》していました。戦前《せんぜん》には、その事業《じぎょう》が創価教育学会の経済基盤《けいざいきばん》となっていたのです。しかし、戦後《せんご》、日本を占領統治《せんりょうとうち》していた米政府《べいせいふ》のデフレ政策《せいさく》の失敗《しっぱい》もあって、戸田の事業は暗礁《あんしょう》に乗り上げてしまいました。

若き日の池田博士《はくし》は、戸田の経営する出版社で働《はたら》くなど、公私《こうし》ともに戸田の右腕《みぎうで》となって活躍《かつやく》していました。そして、事業が行きづまり、給与《きゅうよ》の遅配《ちはい》・無配《むはい》がつづくなどして社員が次々と去っていったときにも、池田博士は最後まで戸田のかたわらで苦闘《くとう》をつづけたのでした。

戸田はその後、創価学会の第二代の会長に就任し、今日に世界的な創価学会の磐石《ばんじゃく》な基盤《きばん》を作るとともに、一九五七年にはＳＧＩ（創価学会インタナショナル）の平和運動の不朽《ふきゅう》の原点となる原水爆禁止宣言を発表した。

池田博士が戸田のあとを継《つ》ぎ、創価学会の第三代会長となった理由《りゆう》は、一つではありません。しかし何よりもまず、「すべてをなげうって戸田に弟子《でし》としてつかえつづけた人物である」という理由を挙《あ》げなければなりません。

当時《とうじ》、ほかの学会幹部《かんぶ》は、池田青年のことを「防波堤《ぼうはてい》」と呼《よ》んでいたといいます。戸田は、ほかの誰《だれ》よりも池田青年に厳《きび》しく接しました。誰の失敗であろうと、池田青年が代表《だいひょう》して戸田の叱声《しっせい》を浴《あ》びることにより、ほかの幹部たちは直接叱《ちょくせつしか》られずに済《す》んだ――

というのが、「防波堤」なるニックネームの由来《ゆらい》なのでした。

しかし反面《はんめん》、戸田は池田青年をほかの誰よりも時間をかけて薫陶《くんとう》しつづけました。仕事《しごと》と創価学会の再建に専念《せんねん》させるため、学業《がくぎょう》を断念《だんねん》させた池田青年に、戸田はわずかな時間を見つけては、あらゆる学問を教えました。始業前《しぎょうまえ》のわずかな時間を惜《お》しんで、またときには日曜の朝に池田青年が戸田の自宅を訪《たず》ねて講義を受けるという、「二人だけの大学」はつづきました。池田博士の幅広《はばひろ》い教養《きょうよう》の基礎《きそ》を成《な》しているのは、名教師でもあった戸田による個人教授《きょうじゅ》なのです。戸田は、池田博士にとって二重《にじゅう》、三重の意味で「師匠《ししょう》」だったのです。

池田博士が会長に選《えら》ばれた第二の理由は、いうまでもなく、その力量《りきりょう》がほかの幹部に比《くら》べ抜きん出ていたからです。そのことは、数字にはっきりと示されています。

戸田は、池田博士がまだ若いころから、組織運営《そしきうんえい》の責任者《せきにんしゃ》に抜擢《ばってき》しました。そして、池田博士《はくし》はつねに前代未聞《ぜんだいみもん》の結果を出して、戸田の期待《きたい》に見事応《みごとこた》えつづけたのでした。

戸田は、会長就任《しゅうにん》にあたり、三千世帯《せたい》の創価学会を七十五万世帯にまで発展させることを誓《ちか》い、それを成《な》し遂《と》げました。その陰《かげ》では、病弱であった池田青年が創価学会の神経中枢となり、文字通《もじどお》り命がけの戦いをしてきたのです。そして、戸田が一九五八年に逝去《せいきょ》したあと、約二年の空白《くうはく》期間を経《へ》て三十二歳の若さで創価学会の第三代会長に推《お》された池田博士は、一九六〇年五月三日の第三代会長就任時、「戸田先生の七回忌《かいき》（六四年四月二日）までに、学会の世帯数を三百万にする」と誓い、六二年十一月には早くも三百万世帯を達成したのです。

創価学会の教育・文化活動

池田博士の時代になると、舞台は大きく世界に広がっていきました。それと同時に博士は、日蓮《にちれん》の教《おし》えにもとづく教育・文化活動を通じて、不戦《ふせん》世界の構築《こうちく》と、一人一人が価値《かち》を創造《そうぞう》しながら生きていける社会を開きゆくことをめざして、多くの機関《きかん》を創設《そうせつ》し、それらはすばらしくみごとな革新的《かくしんてき》な歩《あゆ》みを進め始めました。

創価学会に関連する機関・団体《だんたい》としては、次のようなものがあげられます。

東京の創価大学とカリフォルニアのアメリカ創価大学、創価女子短期大学、創価高校・中学・小学校・幼稚園を含《ふく》む教育機関《きょういくきかん》、音楽文化の興隆《こうりゅう》をめざす民主音楽協会《みんしゅおんがくきょうかい》（民音《みんおん》）、富士美術館《ふじびじゅつかん》および東京富士美術館《ふじびじゅつかん》、東洋哲学研究所《とうようてつがくけんきゅうじょ》、戸田記念国際平和研究所、ボストン二十一世紀センターなどです。

一方、創価学会青年部は、平和をめざし活発《かっぱつ》な活動《かつどう》を展開《てんかい》し、社会に広く訴《うった》えるために、八十巻《かん》におよぶ戦争体験集を出版《しゅっぱん》し、難民救援《なんみんきゅうえん》の募金《ぼきん》キャンペーンを行《おこな》い、展示会《てんじかい》やセミナーを開催《かいさい》するとともに、アンケート調査《ちょうさ》を実施《じっし》し、その結果《けっか》を公刊《こうかん》しています。

一九七五年には、全世界の会員を傘下《さんか》におさめる組織《そしき》として、池田博士を初代会長とするSGI（創価学会インタナショナル）が発足しました。各国の会員は、仏教《ぶっきょう》の生命哲学《せいめいてつがく》にもとづき、各々《おのおの》の国および地域《ちいき》の平和と繁栄《はんえい》に貢献《こうけん》するための活動《かつどう》を展開《てんかい》しています。活動方針《かつどうほうしん》は、各国ごとに自主的《じしゅてき》に決定《けってい》されています。

SGIの活動としては、世界青年平和文化祭の開催、文化交流《こうりゅう》・学術交流《がくじゅつこうりゅう》の推進《すいしん》を目的とした国際会議《こくさいかいぎ》やセミナーの開催《かいさい》、各国の組織《そしき》が行《おこな》う多くの展示会《てんじかい》、その他の活動などがあります。

創価学会思想の核心《かくしん》

創価学会の思想で評価しなければならない第一の点は、宗教に対して実際的な取り組みをしていることです。創価学会のメンバーは、忠実《ちゆうじつ》な仏教者であり、歴史上の偉人《いじん》である日蓮《にちれん》の仏法に徹《てつ》して自己革新《じこかくしん》、すなわち「人間革命《にんげんかくめい》」をしようとしているのです。

創価学会の思想の第二に重要な点は、人間のもつ無限《むげん》の可能性《かのうせい》を深く認識していることです。そして、信仰は盲信《もうしん》ではなく、内外の桎梏《しつこく》（そくばく）からの人類の解放《かいほう》、すなわち「広宣流布《こうせんるふ》」を推進《すいしん》しゆく強力《きようりよく》な力であると考えていることです。それは、大乗《だいじよう》仏教で示された「究極《きゆうきよく》の真理」を現実化するための、たゆみない努力なのです。

創価学会が、実質的に「現在の」民衆《みんしゆう》運動であると同時に、「未来の」民衆運動でもあるのは、このためなのです。世界のほとんどの大陸で、驚異的《きようい てき》な大きな支持を獲得《かくとく》してきたことが、それを証明しています。

このことはまた、深く人間を思いやり、民衆に自分たちの思いを表現する十分な機会を与えられる運動は、民衆の支持を勝《か》ち取れることを示しています。

牧口、戸田の二人から出発した創価学会は、一千数百万の熱心なメンバーを持つすばらしい運動へと発展しました。それは今も争《あらそ》いあう諸国家が引き裂《さ》いた世界に、平和の波動《はどう》を送りつづけています。これは、建設的な大きな目標のために、民衆の力を結集した、みごとな実例です。

牧口常三郎《まきぐちつねさぶろう》と戸田城聖《とだじょうせい》は、創価学会の運動を精神的・宗教的に育《はぐく》み、発展させました。そしてそれをさらに、豊かな構想力を持ち、非凡《ひぼん》な生命力と活力をそなえた池田第三代会長が、幸福に満ちた「ルネサンス（人間の復興《ふっこう》）の世紀」をめざし、この運動を、人間の真の自由の実現への広範《こうはん》な運動へと高めつつあります。私は、このことが人類存続《そんぞく》への核心《かくしん》であると考えています。

運動としての創価学会は、危機《きき》に直面する人々に、対処の仕方《しかた》と克服《こくふく》の仕方を教育する上で、すばらしい成功をおさめてきました。

創価学会が行《おこな》っている「人間革命運動」は、社会の根本的《こんぽんてき》な変革《へんかく》なのです。その変革は、何世紀にもわたって権力《けんりょく》と富《とみ》と影響力《えいきょうりょく》を得てきた人々の、心のあり方の変革をも含《ふく》むものです。

革命とは、必ずしも暴力《ぼうりょく》をもって体制を打破《だは》することではありません。革命とは、教育、文化、宗教、精神性、倫理《りんり》、文学、芸術、写真、対話、展示、詩作《しさく》、学術交流などのさまざまな活動によって人々を目ざめさせ、「心のあり方や構造」を変化させることでもあるのです。これこそまさに、池田博士と創価学会が現在推進している「非暴力」と「対話」による変革なのです。

強力な運動と力強い人格が、「正統派《せいとうは》」と自称《じしょう》する既成《きせい》宗教の大きな反発《はんぱつ》を招《まね》くことは当然であり、予想されることでありましょう。池田博士もそれを免《まぬか》れませんでした。救済者ですらそれを避《さ》けることができなかったことが、人間性の悲しむべき側面《そくめん》なのです。

「灯台《とうだい》もと暗《くら》し」ということわざがあります。自《みずか》らの国で尊敬《そんけい》され、理解される偉人《いじん》は非常に少ないことを意味しているといえましょう。幸《さいわ》いにも、池田博士は、多くの日本国民に敬愛《けいあい》され、愛情と人望を集めています。

また、全世界でも、多くの支持と称賛《しょうさん》を得ています。世界的作家、チンギス・アイトマートフ氏のことばが思い出されます。「私は提言《ていげん》したい。二十世紀が生《う》んだ五人の指導的知性《ちせい》は次の五人であろうと。アーノルド・トインビー、ジャン＝ポール・サルトル、ノーマン・カズンズ、マハトマ・ガンジー、そして池田大作である」と。

池田博士《はくし》が推進している偉業《いぎょう》は、将来の歴史書に、人類の生存《せいぞん》のためにもっとも重要なものであったと記《しる》されることでしょう。

ＳＧＩの運動とその役割《やくわり》

ここで、周囲《しゅうい》の状況《じょうきょう》を考察し、「地球家族」を守りゆく上で、ＳＧＩが果たしている重要な役割について考えましょう。

おそらく、二十一世紀における最大の課題は、「暴力」と「貧困《ひんこん》」でありましょう。

この二つの古くて恐《おそ》るべき人類の敵《てき》とならんで、私たちは今や、「環境危機」にも直面しています。地上の生命を維持《いじ》するためには、母なる大地である地球に配慮《はいりょ》することが緊要《きんよう》であることに、人々が気づいたのです。

私はいつも、ケニアのことわざを思い起こします。「地球を大切に使いなさい。地球は親がくれたものではありません。子どもたちからの借《か》りものなのです」と。

ＳＧＩ会長・池田博士《はくし》は、警告《けいこく》しています。

「土壌《どじょう》、水、森林保護《しんりんほご》における生態系《せいたいけい》の均衡《きんこう》、エネルギー消費《しょうひ》や公害《こうがい》における均衡、植物界や動物界の浸食《しんしょく》における均衡、気候の変化などの領域《りょういき》における均衡は、地球保護にとってきわめて重大な問題となっており、新しいアプローチを必要としています」と。

私たちが、突如《とつじょ》として現れる潜在的《せんざいてき》な危険に、どの程度気づいているのかが問題なのです。

人々は次の事実《じじつ》を忘れてしまったかのように思えます。それは、人間は物質的に自然界の調和と秩序《ちつじょ》の上に成り立っているということ、そして、人間の精神的機能はその秩序の調和とリズムを反映《はんえい》しているということです。

自然を破壊《はかい》したり、作り変えたりする時、人間は、自分自身の心身《しんしん》に破壊的な影響《えいきょう》を及《およ》ぼしているのです。したがって、現在進みつつある環境破壊は、今日の大人《おとな》の世代だけでなく、子孫《しそん》にもまた有害な影響を与えることを忘れないことが重要です。

私たちは、泥棒《どろぼう》のように自然を略奪《りゃくだつ》するだけで、地下水、鉱物資源、動植物の生態系、石油、空気など、生命維持に不可欠《ふかけつ》なあらゆる自然の富《とみ》が、いつまでもつのかということを、考えようともしません。同様に、富める国家のエゴイズムは、他の国々を支配し、征服《せいふく》し、覇権《はけん》を打ち立てるために、世界の富を浪費《ろうひ》し尽《つ》くしてきました。

ガンジーは、簡潔《かんけつ》に述《の》べています。「すべての人の必要を満たすには十分です。しかし、すべての人の貪欲《どんよく》を満たすには不十分なのです」と。人間の貪欲が多くのトラブルの根源《こんげん》であることを、人々は認識しているでしょうか。

こう考えると、ただちに、ＳＧＩのような宗教的な民衆運動がいかに重要なことであるかがわかります。しかし、このような使命を達成するのは容易《ようい》なことではありません。システムを変えようとすると、そのシステムが抵抗《ていこう》するからです。

そこで必要なのは指導者の勇気です。立ち上がり、正義と思うもののために闘《たたか》う勇気なのです。実際、人類史をひもとくと、わずかながら英雄的な戦《たたか》いが存在していました。

池田博士《はくし》とSGIが現在行《おこな》っていることは、まさにこれなのです。一千数百万のメンバー、賛同者《さんどうしゃ》たちが、池田博士の業績《ぎょうせき》を評価《ひょうか》し、運動の成功を自分の問題として心を一つにして祈っている現実は、まさに奇跡《きせき》のような心躍《こころおど》るできごとなのです。

池田博士のもとで展開された多くの驚《おどろ》くべき活動は、SGIが、現代社会が直面する根本的問題を的確に認識していることを、雄弁《ゆうべん》に物語っています。このような努力をしている組織は、SGIをおいて、世界のどこにも見当《みあ》たらないといっても過言ではないでしょう。

ガンジーのビジョンと創価学会の認識は、とくに宗教、教育、人生の目的、正義と世界平和の点で似《に》ています。ガンジーの幸福観は、奉仕《ほうし》による幸福という仏教的な考えを拡張《かくちょう》したものです。トルストイの、人類への奉仕への「無私《むし》の関与《かんよ》」という宗教観も、同趣《どうしゅ》のものです。

ＳＧＩは、人類の未来に不安を与える悪《あ》しき発展に対して懸念《けねん》をしている、きわめて重要な国際的運動です。ＳＧＩは、人間が作ったすべての障壁《しょうへき》を超《こ》えて、世界中に理解の波動を巻き起こしてきたのです。

ＳＧＩの世界平和へ向けての闘《たたか》い

池田博士が核兵器《かくへいき》に対して妥協《だきょう》のない立場をとってきたことは、ＳＧＩの世界平和への関与《かんよ》にうかがわれます。

ＳＧＩ会長である池田博士は、恩師《おんし》・戸田城聖《とだじょうせい》が、核兵器が悪魔的《あくまてき》なものであることを指摘《してき》した最初の人物であることを、正確に認識しています。戸田の遺命《いめい》を実現することは、博士自身が宣言しているように、その人生の主要な使命の一つなのです。

「一九五七年九月八日、恩師・戸田城聖第二代創価学会会長は、核兵器に対して声明を発《はっ》し、私たちの責務《せきむ》について語った。

『諸君らに今後、遺訓《いくん》すべき第一のものを、本日は発表いたします。

……核《かく》あるいは原子爆弾《げんしばくだん》の実験禁止運動が、今、世界に起こっているが、私はその奥《おく》に隠《かく》されているところの爪《つめ》をもぎ取りたいと思う。……われわれ世界の民衆《みんしゅう》は、生存の権利《けんり》を持っております。その権利をおびやかすものは、これ魔《ま》ものであり、サタンであり、怪物《かいぶつ》であります。

たとえ、ある国が原子爆弾を用いて世界を征服《せいふく》しようとも、その民族、それを使用したものは悪魔《あくま》であり、魔ものであるという思想を全世界に広めることこそ、全日本青年男女の使命である』と」。

傑出《けつしゅつ》した学者であるガルトゥング教授は、池田博士との対談集『平和への選択《せんたく》』で、重要な点を指摘しています。

「戸田城聖氏は、まさに当初《とうしょ》からこの真理を見抜いていました。そして、核兵器《かくへいき》に対する戸田氏やあなたの姿勢《しせい》が、平和運動体としての創価学会に威信をもたらし

大世学院（現・富士大学短期大学部）
のころ、病躯をおして学業に励んだ

創価学会第二代会長・戸田城聖による、「原水爆禁止宣言」
1957年9月8日　神奈川県三ツ沢競技場。

最良の同志、
池田香峯子夫人

キング博士の母校モアハウス大学より、「最高学識者」称号を授与

ています」

ＳＧＩの国連支援《こくれんしえん》

ＳＧＩは国連支援の活動でも称賛されています。ＳＧＩは、国連の人道主義的な仕事の、頼《たよ》りがいのある同盟者《どうめいしゃ》、支持者となっているのです。

数年前には、国連創設《そうせつ》五十周年記念式典で、ＳＧＩの貢献《こうけん》が称揚《しょうよう》されました。それは、ＳＧＩが戦争と暴力のない世界を促進《そくしん》する上で果たしてきた、役割《やくわり》に対して与えられた、国際社会の称賛《しょうさん》だったのです。

例《たと》えば一九八二年には、ＳＧＩが国連の広報局《こうほうきょく》と広島市および長崎市と共催《きょうさい》した「核《かく》兵器《へいき》――現代《げんだい》世界の脅威展《きょういてん》」が、ニューヨークの国連本部で、国連軍縮《ぐんしゅく》第二特別委員会の会期中に開催《かいさい》されました。これは世界的な注目《ちゅうもく》を集め、その後八八年まで、十六カ国の二十五都市で展示《てんじ》され、百二十万人以上の人々が鑑賞《かんしょう》しています。

九六年からは展示内容が新しくなり、「核兵器―人類への脅威」展として国際巡回が再開されています。

一九八五年には、創価学会教育部が、国連広報部《こくれんこうほうぶ》の協賛《きょうさん》を得て、「世界の教科書展《きょうかしょてん》」を開催《かいさい》しました。これは、日本の百三十五カ所で、二百七十万人以上の人々が鑑賞《かんしょう》しました。

一九八八年五月には、同教育部は、ユネスコ（国連教育科学文化機関）が後援《こうえん》するイベントの一環《いっかん》である「世界の少年少女絵画展《かいがてん》」のために、百八カ国から子どもの作品を集めました。

ＳＧＩが平和をめざして行《おこな》った重要な歩《あゆ》みは、一九八九年十月から世界中を回覧《かいらん》した展示「戦争と平和——戦争の世紀から希望の世紀へ」でした。まず国連本部で開催され、高い評価を得たのです。

この展示は、数人の献身的《けんしんてき》な学者たちと芸術家たちが数年間かけて精力的に作り上げたもので、暴力と戦争の二十世紀を回顧《かいこ》しつつ、二十一世紀を目前にした人類が直面するグローバルな課題《かだい》を提示《ていじ》するものでした。この展示は、世界の主要都市で開催され、好評《こうひょう》をはくしました。

さらに、国連《こくれん》「人権教育の十年」の運動を支援し、市民の人権意識啓発を図ることを目的とした「現代世界の人権」展が、東京の国連大学本部での開催（九三年四月）を皮切りに、国際巡回されています。

SGI会長が、国連事務総長《じむそうちょう》や国連上級職員たちと行《おこな》ってきた多くの対話と会見、そして国連の基盤《きばん》を強化《きょうか》するために行ってきた熱烈なアピールは、長年にわたり、国連への民衆《みんしゅう》の支持《しじ》を結集してきました。

池田博士が、かつてガリ国連事務総長（当時）との会見の折に語られた言葉も、忘《わす》れられません。

「国連は、今こそ、二十一世紀に向けての崩《くず》されざる基盤《きばん》を築《きず》くべきときであると、強く確信《かくしん》いたします。政府《せいふ》も民間・市民団体《しみんだんたい》も、全人類という視野《しや》に立って行動すべきなのです」と。

人類の偉大《いだい》な〝番人〟であり、希望である国連は、「戦争は人の心の中で生まれるものであるから、人の心の中に平和のとりでを築《きず》かなければならない」とのユネスコ憲章を、慎重《しんちょう》さを保《たも》ちつつ強調しています。

国連史が編《あ》まれるとしたら、おそらく、SGIとその会長は、国連のもっとも信頼《しんらい》できる一貫した支持者《しじしゃ》として、書きとどめられることでしょう。国連が最大の困難《こんなん》に直面していた時期に、SGIとその会長は支援《しえん》をしてきました。これほどの支援《しえん》を行ったと主張《しゅちょう》できる機関や個人《こじん》は、ほんの一握《ひとにぎ》りにすぎないでしょう。

池田博士は、国連を、人類が未熟《みじゅく》さから引き起こしたさまざまな諸問題《しょもんだい》に責任《せきにん》を負うスケープ・ゴート（身代《みがわ》りでいけにえにされる山羊《やぎ》）とは考えません。国連が人類の期待にそって活動してこなかったのではなく、人類の方が、国連のかかげる理想にそって活動してこなかったのです。政治《せいじ》を良くすることによってのみ、国連の改革《かいかく》も可能《かのう》になるのです。

池田博士は、国連の理想を支援《しえん》・推進《すいしん》するための活動を通じて、国連がすべての国に、平和とよりよい未来のための活動に参加する機会を提供《ていきょう》していることを指摘《してき》してきました。

国連は、人類の生存《せいぞん》を確保《かくほ》し、ＳＧＩがかかげる「地球は一つ、環境《かんきょう》は一つ、人類は一つ」という目標を確保しようとする唯一のシステムなのです。

ＳＧＩの国連への多大な支援《しえん》は、博士が、現実的には国連以外の選択肢《せんたくし》はないという信念をもち、また人類の未来は国連にかかっているという信念をもっていることの証左《しょうさ》です。

ＮＧＯとしての創価学会

また、創価学会は、一九八二年十月に、ＵＮＨＣＲ（国連難民高等弁務官事務所《なんみんこうとうべんむかんじむしょ》）の諮問《しもん》的《てき》な立場にあるＮＧＯ（非政府組織《ひせいふそしき》）として登録《とうろく》され、一九八三年五月には、国連経済《けいざい》社会理事会《しゃかいりじかい》のＮＧＯの立場を与《あた》えられました。

そして、一九八三年八月には、池田博士《はくし》が「国連平和賞」を受賞《じゅしょう》しました。また、一九八七年九月には、国際団体《こくさいだんたい》の諸活動《しょかつどう》に対して価値《かち》ある支援《しえん》を行《おこな》ってきたことが認《みと》められ、SGIに、「平和の使徒《しと》」の称号《しょうごう》が授与《じゅよ》されています。

さらに一九八八年には、池田博士が、国連事務総長《じむそうちょう》ペレッ・ドゥ・ケラー氏より「国連栄誉表彰《えいよひょうしょう》」を受けています。そして、翌一九八九年六月には、SGIがUNHCRの活動を支援《しえん》したことにより、博士に、「UNHCR人道賞」が授与されたのです。

また、SGIは、自然災害《さいがい》、洪水《こうずい》、地震《じしん》、暴力等の犠牲者《ぎせいしゃ》を緊急《きんきゅう》に援助《えんじょ》するなど、国連支援のさまざまな活動を展開してきました。これらの活動は、NGOが、世界各地の苦悩《くのう》する民衆との連帯を強化する上で果たすことのできる役割を示す、格好《かっこう》の見本となっているのです。

教育・文化交流と三つの国際機関《こくさいきかん》

SGIが展開している、真摯《しんし》で構想力に富《と》んだプログラムと、世界各地の関連機関《かんれんきかん》は、みごとな反響《はんきょう》を得ています。

現在、研究、教育と文化交流に携《たずさ》わるすばらしい三つの国際機関――アメリカ創価大学、ボストン二十一世紀センター、東京とホノルルの戸田記念国際平和研究所――が創設《そうせつ》されています。

これらは、平和研究と調査、政策調査、文献考証《ぶんけんこうしょう》、国際交流、そして、グローバルな覚醒《かくせい》をさらに広《ひろ》めゆく活動を展開しています。

戦略上《せんりゃくじょう》、重要な場所に位置するこれらの国際機関は、学生、学者、行政官、法律関係者、国内外の指導者などの、広範囲《こうはんい》にわたる知的要求に応《こた》えているのです。

池田博士が創立したボストン二十一世紀センターは、ハーバード大学のキャンパスに隣接し、きわめて重要な研究、文献考証、討論、セミナー、さらに人間に関する広範な領域での出版活動を行《おこな》ってきました。その出版物は現在アメリカの八十五の大学で教科書として採用されています。

私は、数年前にこのセンターを訪問したことがありますが、このセンターは、当時、少人数で運営されており、よく組織された、活気に満ちた知識人集団であると見受けられました。わずか七、八年の間に、ボストン二十一世紀センターは、多くの知識人や指導者たちに大きな影響《えいきょう》を与えてきています。

「創価学会の日」である二〇〇一年五月三日は、ＳＧＩの歴史的な第二の「七つの鐘《かね》」（創価学会では七年毎《ごと》に大きな歴史をきざんできたことを象徴的《しょうちょうてき》に鐘の音に例《たと》えている。この二〇〇一年よりまた七年毎に目標を設《もう》け、七回の鐘を鳴らすことをいう）の出発と、オレンジ郡キャンパスのアメリカ創価大学の開学により、人類進歩に歴史的な一歩をしるしました。

同大学は、池田博士《はくし》が、比類《ひるい》ない教育の場として抱いてきた大きな夢の実現であり、自由な教育の中心地として、社会変革の人材となる勇敢《ゆうかん》な青年男女を輩出《はいしゅつ》しゆくことでしょう。

また、この新大学は、学生の生命を変革するだけでなく、両親にも理念とインスピレーションを与えるフォートレス（要塞《ようさい》）となることでしょう。

博士は、アメリカＳＧＩに捧《ささ》げた記念すべき長編詩、「舞《ま》え！　新世紀の自由の大空《おおぞら》へ」で、次のようにうたっています。

「二十一世紀文明の

若き学徒の
そして　若き指導者の
平和と繁栄《はんえい》と歓喜のために！
我らのアメリカ創価大学は
……建設されてきた！」

アメリカ創価大学は、「夜明けのファンファーレ」を高らかに響《ひび》きわたらせています。

池田博士は、この大学について、長年にわたり、心情《しんじょう》を吐露《とろ》してきました。

オレンジ郡キャンパスのアメリカ創価大学の開学は、第二の「七つの鐘《かね》」の船出《ふなで》を刻《きざ》むものでもありました。

池田博士《はくし》は、社会的、政治的、経済的現実の中で世界規模《きぼ》の広宣流布《こうせんるふ》運動を達成するためには、教育が重要であることを認識しており、この大学を設立《せつりつ》したのです。

「過日、私は、アメリカ創価大学の創立者として、『指針《ししん》』を提案した。

・『文化主義』の地域の指導者育成

・『人間主義』の社会の指導者育成
・『平和主義』の世界の指導者育成
この三項目に、今回、もう一つ加えさせていただいた。
・自然と人間の共生《きょうせい》の指導者育成、である」。
そして博士自身、つねづね「私の人生の最後の事業は教育である」と語り、未来を担《にな》う若者達に限りない期待を寄せているのです。

現代の世界の指導者を見渡《みわた》して、池田博士ほど青少年に希望を与え、直接理想を語りかけ、現実の厳《きび》しさを教える一方、心温まる励ましを与え続けている指導者はいないでしょう。それは決して年配者《ねんぱいしゃ》のお説教《せっきょう》ではなく、八十歳を越えた今も挑戦《ちょうせん》をし続ける博士の生《い》き方そのものが若者を奮《ふる》い立たせるのであり、それは「人類の存続」と「悲惨《ひさん》の絶滅」にかける「私心のなさ」が感覚の鋭敏《えいびん》な若者の胸に真っ直ぐに響《ひび》くからでありましょう。

池田博士は大勢の青年に呼びかける一方、直接会った青少年一人一人の事を驚嘆《きょうたん》するほど鮮明《せんめい》に、まるで映画のひとコマのように記憶しており、時には本人ですら忘れている事まで覚えています。それは単なる記憶力のなせる技ではなく、一人一人の人間に対する信じがたいような深い慈悲《じひ》と洞察力《どうさつりょく》の賜物《たまもの》なのです。

池田博士の詩があらゆる人たちの胸に突《つ》き刺《さ》さるのは、具体的な無数の顔を思い浮かべての詩作だからなのです。その想像力がなければ、詩を読んだ人全《すべ》てが自分のことだと受け止《と》めることは不可能でしょう。

池田博士が他の指導者と比較《ひかく》して傑出《けつしゅつ》している点は、博士の後に、同じ松明《たいまつ》を掲げて走り続ける幾十、幾百万の青年男女が続いていることなのです。

一方、数年前に創設《そうせつ》された戸田記念国際平和研究所は、恩師《おんし》への弟子《でし》の献身《けんしん》が体現《たいげん》したものといえます。同研究所は東京とハワイに拠点《きょてん》を置き、大規模な国際的協力活動を構想し、広範《こうはん》な人々の要請《ようせい》に応《こた》え、すぐれた世界の主要なセンターになりつつあります。

東西冷戦後《とうざいれいせんご》の大きな課題は民族対立、宗教対立であるといわれています。その解決には「非暴力《ひぼうりょく》」と「対話」が何よりも必要ですが、同研究所のテヘラニアン所長がイスラム世界の出身であるということは、困難《こんなん》といわれている宗教間対話に希望を抱《いだ》かせる象徴《しょうちょう》的なことです。同研究所は、万人の生命の保障《ほしょう》、自然環境《かんきょう》の保護、あらゆる人間共同体の調和的な発展という人類的課題に奉仕《ほうし》することが期待されています。それは、創立者の恩師・戸田城聖の理想でもあったのです。

この研究所が開始した「人間の安全保障とグローバル・ガバナンス」のプロジェクトは、きわめて意味深く斬新《ざんしん》なプログラムとして、すでに国際社会の注目《ちゅうもく》を集めています。同研究所は、二十一世紀における恒久的《こうきゅう》で実際的な世界平和の促進《そくしん》の、焦点《しょうてん》となっているのです。

池田博士とガンジーの教育観

ガンジーと池田博士は、新しい世界秩序《ちつじょ》を構築する際に教育が果たす役割について、ほぼ同じ見解を抱《いだ》いているといえます。

ガンジーの教育観は第二章で紹介しましたが、ガンジーは、人々が財物《ざいぶつ》や富《とみ》を蓄積《ちくせき》するのと同じように知識を蓄積することは望《のぞ》みませんでした。他人を犠牲《ぎせい》にして一位になったり、競争《きょうそう》に勝ったりすることが、学習の唯一《ゆいいつ》の目標であってはならないとも考えました。私利私欲《しりしよく》を求め、競争をあおる教育ではなく、人々が協力《きょうりょく》しあうための教育を望んだのです。

ガンジーは、「ナイ・タリム（新しい教育）」という革命的な概念《がいねん》を提出《ていしゅつ》し、それを「ジバン・シクシャ（基礎教育）」と呼びました。これは、個々人の自給自足《じきゅうじそく》をめざすものです。学生たちは、それを心にとどめつつ、洗濯《せんたく》、台所《だいどころ》仕事、掃除《そうじ》や雑巾《ぞうきん》がけ、庭仕《にわし》事《ごと》、織物《おりもの》、陶器《とうき》製造、大工《だいく》仕事などを行うのです。

池田博士《はくし》の教育観も、それと似《に》ています。

「学校教育においても、机上《きじょう》の学習だけでなく、社会との接点をつくって人生の経験を踏《ふ》ませる方法を考えるとか、課外活動や共同生活の経験を持たせるよう、なるべく多くの機会を設《もう》けなければならないでしょう」

と、博士は指摘《してき》しています。あらゆる教育の基礎《きそ》は、個々人の成長にあると考えるのです。また、次のように述《の》べています。

「教育は学校と家庭でなされます。ふつう、『教育』ときくと人々は学校を思い出します。人間のための教育はほとんど注目《ちゅうもく》されていません。『人間教育』の大部分は、個人が生育《せいいく》する家庭で行われるべきであると、私は考えます。学校で受ける教育、知識の獲得《かくとく》は、それを増大させるにすぎないのです」

私たちの文明を生き残らせるには、教育は、四方の壁《かべ》に囲《かこ》まれた象牙《ぞうげ》の塔《とう》から出てきて、社会意識の高い、非暴力の精神を持った人間を輩出《はいしゅつ》しなければなりません。池田博士は、経済の発展ばかりを考えている社会にあわせて、単なるその歯車《はぐるま》になるためにのみ必要な事を教えるのではなく、その子ども自身の幸《しあわ》せを目的とした教育がなされるべきであると考えています。つまり「社会のための教育」から、「教育のための社会」へと変革していくべきであると考えているのです。

教育の目標は「人生をよりよく生きるのための教育」でなければなりません。そのためには人権《じんけん》、寛容《かんよう》、生態系、宗教間対話、多様性の受容《じゅよう》、多元的な文化、宗教的なるもの、倫理《りんり》等が、二十一世紀の新しい教育のための本質的要素であるべきなのです。

池田博士の対話外交

池田博士は、民衆《みんしゅう》の意識の向上をはかるための効果的な戦略《せんりゃく》として、対話外交を展開してきました。世界各地の、各界の第一級の識者《しきしゃ》たちと、現代人が直面する共通の関心事や諸問題を共有し、分析《ぶんせき》し、焦点《しょうてん》を当て、批判的《ひはんてき》に検証《けんしょう》してきたのです。

その千五百回にもおよぶ対話の中で特筆《とくひつ》すべきものの一つは、アーノルド・トインビー博士との歴史的な対談です。対談の際《さい》、人類は近い将来《しょうらい》、政治面でも精神面《せいしんめん》でも統合《とうごう》への道を歩《あゆ》むであろうという予測《よそく》と希望において、両者に意見の一致《いっち》が見られました。

確信《かくしん》に満ちた楽観主義者《らっかんしゅぎしゃ》である池田博士によれば、そうした統合《とうごう》への偉大《いだい》な転換《てんかん》は、全人類の平等《びょうどう》という共通項《きょうつうこう》にもとづき、「自発的」に実現《じつげん》されていくべきものです。また、博士が悪として強く非難《ひなん》する、一国による他国の支配《しはい》を完全に排除《はいじょ》した形で行われるものです。

ここで、読者の方々が銘記《めいき》すべき、きわめて重要な事実があります。それは、一九八〇年代、九〇年代に入って、すさまじい激《はげ》しさと信じがたいほどのスピードで世界の状況《じょうきょう》が展開《てんかい》する中で、トインビー博士《はくし》と池田博士が示《しめ》した数多くの予測《よそく》が、現実《げんじつ》のものとなってきたということです。

池田・トインビー対談『二十一世紀への対話』は、出版《しゅっぱん》されるやいなや、多くの人々に読まれ、現在《げんざい》では二十四の言語《げんご》で読めるようになっています。池田博士は、そのほかにもたくさんの指導的《しどうてき》立場にある科学者、思想家、政治家、芸術家《げいじゅつか》、社会運動家たちと対談を行《おこな》ってきました。これは、平和をめざす包括的《ほうかつてき》な行動プログラムの一環《いっかん》をなしています。

博士が人類の未来のために行ってきた対談の相手のリストは膨大《ぼうだい》なものです。その長いリストの中から一部をあげれば、アウレリオ・ペッチェイ、ブライアン・ウィルソン、アンドレ・マルロー、ライナス・ポーリング、ヘンリー・キッシンジャー、カラン・シン、ヨハン・ガルトゥング、ミハイル・S・ゴルバチョフ、ノーマン・カズンズ、金庸《きんよう》、テヘラニアン、デイビッド・クリーガーなどの各氏がいます。

池田博士と世界の第一級の識者《しきしゃ》たちとの対談は、きわめて魅力的《みりょくてき》です。というのも、その内容《ないよう》がきわめて創造的《そうぞうてき》であり、多岐《たき》にわたる分野《ぶんや》についてさまざまな角度から論《ろん》じられ、しかも、同じ内容《ないよう》が反復《はんぷく》されていないからです。まさに、偉大《いだい》な頭脳《ずのう》がもつすぐれた一面をかいま見る思いです。

人類史上まれに見る、このような偉業《いぎょう》を成《な》し遂《と》げたという事実は、博士の偉大《いだい》な力量をあますところなく証明《しょうめい》するものです。そうした力量のゆえに、博士は、人類が生き残るためにもっとも重要な活動を展開《てんかい》することができたのです。

また、池田博士は、戦争が人間にもたらすものを如実《にょじつ》に見た目撃者《もくげきしゃ》であります。そして、戦争と破壊《はかい》のない世界のなかで平和裡《り》に生きたいという人々が思いを託《たく》すことのできる、象徴的存在《しょうちょうてきそんざい》なのです。

博士の人生、使命、驚《おどろ》くべき業績《ぎょうせき》、また、国連が「国連平和賞」を博士に授与《じゅよ》した折《おり》に評価《ひょうか》したような、人類の兄弟愛《きょうだいあい》を促進《そくしん》した役割《やくわり》、さらに世界各地から寄《よ》せられたおびただしい数の国際《こくさい》平和賞、学位、名誉市民賞《めいよしみんしょう》などは、質実《しつじつ》で鋭敏《えいびん》な一人の青年が、現代《げんだい》のもっとも傑出《けつしゅつ》した平和創出者《そうしゅつしゃ》へと生《お》い立《た》ったことを、みごとに証明《しょうめい》するものです。

あらゆる人々を結ぶものは、精神的《せいしんてき》な絆《きずな》です。池田博士は、平和創出《そうしゅつ》のために、この絆《きずな》があらゆるレベルで強靭《きょうじん》なものになるよう尽力《じんりょく》しているのです。

博士が行う対話は、友好的で打ちとけた雰囲気《ふんいき》の中で深遠《しんえん》な内容が語られるという点で、きわめて有効です。ここには、著名人《ちょめいじん》たちが、特定の問題を論じる時にしばしば陥《おちい》りがちな、くどくどと難解《なんかい》な知識をふりかざすといった形跡《けいせき》は、みじんも見られません。

池田大作博士が、過去四十年間にわたり、確固《かっこ》とした信念を持って行《おこな》ってきた対話の中心的なテーマは、「人類の生存」であります。

現代社会には、おびただしい暴力《ぼうりょく》、犯罪《はんざい》、憎悪《ぞうお》と搾取《さくしゅ》がはびこっています。その主な原因の一つは、コミュニケーション不足《ぶそく》であり、一言にしていえば「信頼不足」であり、対話不足なのです。

卓越《たくえつ》した詩人《しじん》としての池田博士《はくし》

池田博士《はくし》を語るうえで、見逃《みのが》すことのできない働きかけは詩作を通してのものです。博士は、日本語で多くの忘《わす》れえぬ詩を寄《よ》せてきました。英訳《えいやく》詩集としては、「人間勝利の讃歌《さんか》」と「我《わ》が心の詩」の二冊《にさつ》が上梓《じょうし》されています。

これらの詩は、作者は、作者が、「しばしば考えつくが、うまく表現《ひょうげん》できないもの」を明確《めいかく》に表現《ひょうげん》することができる、きわめて鋭《するど》い感覚《かんかく》の持ち主であることを示《しめ》しています。また同時に、作者が、詩を通して世界の数百万の人々を啓発《けいはつ》しゆく、真の詩人としての卓越《たくえつ》した力量《りきりょう》をそなえていることを物語るものでもあります。

多才な側面を持つ池田博士ですが、自身ではその本質は「詩人」であると語っています。満天《まんてん》にきらめく星《ほし》のように次から次へと現れる思念《しねん》を端的《たんてき》に表現するには、また、読者の「心」に直接伝えるには詩がもっともふさわしい表現なのかもしれません。博士はほんの短時間のうちに、ぼう大な長編詩を作ってしまいます。それは単に自然の美を称《たた》えるといったものではなく、人間と人生と宇宙《うちゅう》をも含《ふく》む詩であり、それが強い意志に裏づけられているのです。

このことによって、池田博士《はくし》は、まちがいなく世界の現代詩人《げんだいしじん》の中に確固《かっこ》とした地位を確立《かくりつ》しております。

池田博士は、責任感《せきにんかん》の強いヒューマニストであり、詩人としての主要な関心も、人間に向けられています。そして、そのビジョンは、至高《しこう》なるものや特別のものだけでなく、何の変哲《へんてつ》もない人間の、もっとも基本的《きほんてき》で固有《こゆう》の生《せい》の局面《きょくめん》にも向けられているのです。

博士は、人間の生に対して強烈《きょうれつ》で誠実《せいじつ》な関心《かんしん》をもち、それを尊重《そんちょう》しています。この視《し》点《てん》は、博士の詩のすべてを貫《つらぬ》き、響《ひび》きわたっているのです。

博士の詩に登場するヒーローやヒロインは、神でもなければ、王家《おうけ》の人々でもなく、ふつうの庶民《しょみん》です。彼らは、類《たぐい》まれな信念と勇気を身にそなえており、また、仏法《ぶっぽう》を実践《じっせん》することによって、決断力《けつだんりょく》と勇気を獲得《かくとく》してきました。その決断力《けつだんりょく》と勇気は、彼らを奮《ふる》い立たせ、人生をおびやかす悪と闘《たたか》う力を授《さず》けるのです。

ヒューマニズムがとる戦略《せんりやく》は、多様かつ多元的です。池田博士は、『法華経《ほけきよう》』の教《おし》えとならんで、社会的・文化的・宗教的なヒューマニズムを、世界の人々に幸福をもたらす源泉《げんせん》としました。

また博士は、多くのヒューマニストの例にもれず、不屈《ふくつ》の楽観主義者《らつかんしゆぎしや》であり、人間の努力が無限《むげん》の可能性《かのうせい》をもつことを固く信じています。

池田博士の詩がもつきわ立った特徴《とくちよう》の一つは、詩が、〝人間革命《かくめい》〟のための手段《しゆだん》であると強く確信《かくしん》していることです。

そして、その革命《かくめい》が本物であるかどうかを検証《けんしよう》するには、一人一人の能力《のうりよく》を真に理解《りかい》することが必要であり、また、各人が抱《いだ》いている、破壊《はかい》と勝利の灰《はい》の中から不死鳥《ふしちよう》のように蘇生《そせい》したいとの願望を真に理解《りかい》することが必要です。ゆえに、成功と失敗の両方を、冷静《れいせい》に見てゆく必要があるのです。

博士がそなえる卓越《たくえつ》した特質《とくしつ》の一つは、一人一人が自分を心にかけてもらいたいと望《のぞ》んでいることを、十分に理解《りかい》していることです。一人一人の幸福に対する配慮《はいりよ》、一人一人の個人的探究《こじんてきたんきゅう》や職業的探究《しょくぎょう》における進歩への関《かか》わり、指導《しどう》しつづけるときの慈愛《じあい》のこもった心《こころ》づかい――これらのすべては、きわ立ったものであり、驚《おどろ》くべきことです。これは、ヒューマニズムというものが日常生活《にちじょう》でどのような振《ふ》る舞《ま》いとして表《あらわ》れるかを、雄弁《ゆうべん》に物語るものです。

博士の詩の一行一行にうかがわれる、もう一つの特質《とくしつ》は、人間がもつ基本的《きほんてき》な感情《かんじょう》や慈悲《じひ》の心が、深く表現《ひょうげん》されていることです。博士は、想像力《そうぞうりょく》を必要以上に駆《か》けめぐらせることはしません。深い理解力《りかいりょく》と慈悲《じひ》をそなえたこの詩人は、人間精神《せいしん》のもっとも深遠《しんえん》な奥底《おうてい》にまで到達《とうたつ》することができるのです。博士が、あらゆる人間や社会を構成《こうせい》しているものを分析《ぶんせき》する力量には、驚《おどろ》くべきものがあります。

詩は、才能《さいのう》ある詩人の手中《しゅちゅう》で、宇宙《うちゅう》の広大無辺な織物《おりもの》のように編《あ》まれ、結びつき、機《き》能《のう》します。池田博士の詩は、そのすばらしい一例なのです。

池田博士《はくし》の「母」に寄《よ》せる思い

池田博士の多くのスピーチや詩の中に、繰《く》り返し登場するテーマは、〝母〟というものがそなえるさまざまな側面です。

母とはつねに、恩恵《おんけい》、苦悩《くのう》、犠牲《ぎせい》を象徴《しょうちょう》するものです。また、すべての人間にとってもっとも大切な母は、循環的《じゅんかんてき》で宇宙的《うちゅうてき》な生命そのものを産《う》み、それを愛や心づかい、思いやりをもって育《はぐく》む運命を担《にな》っているのです。

そうした創造的《そうぞうてき》な役割《やくわり》がなかったならば、いかなる人生も思いえがくことはできません。母は、荒《あ》れ狂《くる》う大海の波に翻弄《ほんろう》されるような、生命の小舟《こぶね》の安全を守る存在であるために、称賛《しょうさん》されるのです。

過去《かこ》の多くの詩人たちは、母の外面的な美しさを中心に描《えが》く傾向《けいこう》がありました。しかし、池田博士は、そのような一面だけでなく、「万代にわたる平和と福徳《ふくとく》の王宮《おうきゅう》」を築《きず》く、母のもつ無限《むげん》の宇宙大《うちゅうだい》の力を描《えが》きます。博士にとって、母は「広宣流布の豊穣《ほうじょう》なる

大地にして花園《はなぞの》　包容《ほうよう》の海原《うなばら》にして心和《なご》ませる花園」なのです。

この花園のイメージは、家族の和楽の団欒《だんらん》の園として、さらに念入りに表現《ひょうげん》されます。博士が、自《みずか》らの母親――使命の道を歩《あゆ》む彼に、熱い思いをもって誠実《せいじつ》に寄《よ》りそい、ともに歩んだ母――の鏡《かがみ》のようなイメージを、すべての母親の中に見出《みいだ》すとき、このイメージは普遍的《ふへんてき》な枠組《わくぐ》みとなります。

たとえ無名《むめい》で、貧《まず》しくても、母たちは揺《ゆ》るぎない信念と勇気をもち合わせています。こうした偉大《いだい》さが理解《りかい》されず、評価《ひょうか》されなかったときにも、母たちがこの上ない献身的《けんしんてき》な努力《どりょく》をしてきたことを、博士は熟知《じゅくち》しています。母たちにとっては、生命の尊厳《そんげん》を護《まも》る法を弘《ひろ》めゆくことこそ、最高に大切なことだったのです。

信念の道を歩む母たちが、その人生で幸福に出合えるというのは、けっして夢物語《ゆめものがたり》ではありません。自らの信念の道を歩みつづけた母たちの姿《すがた》は、次のような不滅《ふめつ》の一節にちりばめられています。

「また　歓喜《かんき》の余韻《よいん》さめやらぬ座談《ざだん》の帰途《きと》

愛する未入信の主人をば思いつつ
我《わ》が家に春の来るを祈《いの》りつつ
満天《まんてん》の星空《ほしぞら》を仰《あお》いだ日もあったにちがいない」

偉大《いだい》な作業に邁進《まいしん》する母たちを支《ささ》えたものは、仏法《ぶっぽう》への確信《かくしん》であり、弘教《ぐきょう》への真摯《しんし》な献身《けんしん》でした。彼女たちは、「冬は必ず春となる」の一節を確信《かくしん》していました。この表現《ひょうげん》は、キーツ（十九世紀のイギリスの詩人）が謳《うた》った「冬来《きた》りなば春遠《とお》からじ」の一節をほうふつとさせます。ともに、楽観主義的《らっかんしゅぎてき》なしらべが、読む人の心に響《ひび》いてくるのです。

作者にとっては、母たちがものごとの本質《ほんしつ》を鋭《するど》く見抜《みぬ》き、宇宙《うちゅう》の本源《ほんげん》の法則《ほうそく》を覚知《かくち》できるようになることがうれしいのです。作者は、母たちを、次のように称《たた》えます。

「〝湿地帯《しっちたい》〟に別《わか》れを告《つ》げ
つねに太陽と対話しながら
愛する友どちの中へ
我《われ》らの学会の中へと

そして　妙法《みょうほう》へと
悩《なや》みの友を導《みちび》きゆく春風こそ
あなたたちなのだ」

母たちが、題目《だいもく》を唱《とな》えることによって「我《わ》が家と　我が地域《ちいき》とを　花咲《さ》き　胡蝶舞《こちょうま》う幸《さち》の楽園へと案内しゆく」ことができるほど強靭《きょうじん》な精神《せいしん》を身につけ、奮《ふる》い立った人間同《どう》士《し》の力強い集団《しゅうだん》を形成するだろうことを、作者は確信《かくしん》しているのです。

作者は、母たちを〝創価の庭の無上《むじょう》の宝《たから》〟と称《たた》えながら、母たちが弘教《ぐきょう》を展開《てんかい》する上で創造的《そうぞうてき》な役割《やくわり》を演《えん》じゆく姿《すがた》を、心に思い描《えが》きます。

母は、〝焼野《やけの》のキギス（雉子《きじ》）〟が死んでもなお子を守るように、また、〝夜の鶴《つる》〟が全身で寒気《かんき》から子をかばうように、わが子を守るものです。代償《だいしょう》を求めることなく、愛と慈《いつく》しみをもって生命を育《はぐく》むのです。

池田博士《はくし》は、生命を投げうってわが子を風雨《ふうう》、蚊《か》、虻《あぶ》から守った母の物語を記《しる》した仏典《ぶってん》を想起《そうき》します。そして、きわめて明快《めいかい》に主張《しゅちょう》するのです。

「この大海のごとき慈愛《じあい》がなければ
人類の存続《そんぞく》は
至難《しなん》であったにちがいない」

池田博士《はくし》の真髄《しんずい》は、全人類の存続《そんぞく》をめぐるもっとも深遠な真理を語る場合に、如実《にょじつ》に示《しめ》されます。はじめは個人的《こじんてき》な関心からわが子を世話していた母が、最後には、優《やさ》しさと関心の広がりから、人類の究極的《きゅうきょくてき》な保護者《ほごしゃ》としての役割《やくわり》を引き受けるに至《いた》るという点について、考察《こうさつ》しているのです。

母とは、どこにでも存在《そんざい》する人間であるだけでなく、人間存在《そんざい》における〝最高善《さいこうぜん》〟でもあるのです。

新しい「生命《せいめい》の世紀《せいき》」と女性の役割《やくわり》

新しい「生命の世紀」の到来《とうらい》は、池田博士が好《この》んで語り、全人生をささげてきた構想《こうそう》です。博士は、母たちの慈愛《じあい》の清流《せいりゅう》が、家庭を、地域《ちいき》を、社会を、豊《ゆた》かに深く潤《うるお》しゆくときにこそ、それが実現《じつげん》できると確信《かくしん》しています。

池田博士《はくし》の詩がそなえる質《しつ》の高さを証明《しょうめい》するものは、その文体を織《お》りなしてゆく際《さい》の誠実《せいじつ》さにあります。強い感情表現《かんじょうひょうげん》も、効果的《こうかてき》かつ適切《てきせつ》なものです。その詩には、夢想家《むそうか》に見られがちなロマンチックな表現《ひょうげん》の濫用《らんよう》もなく、また、ぼんやりした狭小《きょうしょう》なビジョンしかもたない者に特有の悲しげな色調《しきちょう》もありません。

池田博士のビジョンは、確信《かくしん》と展望《てんぼう》に満ちあふれたものなのです。それは、生き生きとした健全《けんぜん》な社会を構築《こうちく》するために不可欠《ふかけつ》な活動——希望と相互理解《そうごりかい》の新時代を先導《せんどう》する、連体《れんたい》の活動——を呼《よ》びかける、高らかなラッパの響《ひび》きなのです。

「母の詩《うた》」こそ、博士の卓越《たくえつ》した力量《りきりょう》をあざやかに示《しめ》す作品であることは、まちがいありません。この詩の一行一行が、周囲の人々を奮《ふる》い立たせゆく、偉大《いだい》な指導者《しどうしゃ》がそなえる超人的《ちょうじんてき》な能力《のうりょく》を示《しめ》しています。詩は、博士の手にかかると、深遠《しんえん》な真理を伝えるための媒体《ばいたい》となるのです。

博士が、女性を描《えが》くときに用いる表現《ひょうげん》——団欒《だんらん》の花園、広宣流布《こうせんるふ》の太陽、信仰《しんこう》の勇者、信仰《しんこう》のクイーン、春風、タンポポなど――は、皆《みな》、博士が世界の母たちの特質《とくしつ》と見なす高貴《こうき》さと、博士が彼女《かのじょ》たちに寄《よ》せる尊敬《そんけい》の念を示《しめ》しているのです。

偉大《いだい》な詩は、偉大な精神《せいしん》からのみ生まれます。偉大な精神の中にのみ、人間の尊厳《そんげん》と、あらゆる人々への尊敬《そんけい》にもとづく、万人の幸福の可能性《かのうせい》が開かれるのです。

写真家《しゃしんか》としての池田博士

「詩人とは何か」という問いが、しばしば念頭に浮《う》かびます。

広い意味でいえば、詩人とは、すぐれた美の感覚をそなえ、仏教《ぶっきょう》でいう「縁起《えんぎ》」の本質《ほんしつ》を体験することができる人でしょう。「縁起」は、より高いレベルでは、植物や動物にまで拡大《かくだい》されます。『法華経《ほけきょう》』には、「縁起」の重要性《じゅうようせい》がくわしく述《の》べられています。

池田博士は、すばらしい写真《しゃしん》を多く撮影《さつえい》しています。それらの写真は、いかに頑固《がんこ》で鈍感《どんかん》な人々でさえも、感動させずにはおかないものです。それらの写真を見ると、博士が、深い情愛《じょうあい》と気迫《きはく》をもって写真を撮《と》っていることがよくわかります。

写真は芸術《げいじゅつ》であり、詩人が写真を撮《と》るときには、写真芸術は詩的な感受性《かんじゅせい》で染《そ》め上げられ、作品は叙情的《じょじょうてき》な色彩《しきさい》を帯びます。写真は、すぐれた詩と同じく、人々を感動させ、涙《なみだ》を流させ、決意を促《うなが》し、さらに、無上の歓喜《かんき》をもたらすこともできるのです。

池田博士の写真の中には、大自然が躍動《やくどう》しています。

自然と風景《ふうけい》を写《うつ》した博士の写真について、ジャン・バーギン氏は、次のように記《しる》しています。

「池田氏が、その鋭《するど》い感受性《かんじゅせい》でとらえ、詩的に描写《びょうしゃ》してきたものは、とりわけ自然の壮麗《そうれい》さと美しさである。それらの作品には、深遠《しんえん》な情感《じょうかん》と洞察《どうさつ》があふれているだけでなく、きわ立った簡素《かんそ》さ、清澄《せいちょう》さと平静《へいせい》さが見られる。

池田大作氏の写真には、自然に対する氏自身の情感《じょうかん》と、自然というモチーフに固有の美が統合《とうごう》されている。そこには、自然との真の対話が存在《そんざい》するのである。写真家とモチーフとの対話が。

これは、氏にそなわった、モチーフに対する真の理解力《りかいりょく》によるものである。また、われわれが周囲の美に気づくようにモチーフを説明してくれる、力量によるものでもある」と。

「自然との対話」は、きわめて魅力的《みりょくてき》で、単なる「対話」を超《こ》えた、非凡《ひぼん》な写真集です。詩人であり写真家である作者は、すばらしい生の喜びを謳《うた》い上げています。そこにおさめられた写真は叙情的《じょじょうてき》であり、写真に添《そ》えられた詩は、理解《りかい》をさらに深めさせてくれます。

博士《はくし》の多くの写真は、ある意味で、〝宇宙的《うちゅうてき》な絆《きずな》〟（すなわち「縁起《えんぎ》」）を発見するための実践《じっせん》であり、博士はそれを、多彩《たさい》な活動を通して促進《そくしん》しているのです。

ルネ・ユイグ氏（フランスの美術史家。フランスアカデミーの会員）による次のような評価《ひょうか》に、私は賛同《さんどう》しています。ユイグ氏は、池田博士の写真には、「博士が、しばしば深遠《しんえん》な感情《かんじょう》を披瀝《ひれき》しながら、内《うち》なる自己《じこ》と外なる自己《じこ》を表現《ひょうげん》するのを可能《かのう》にする、客観的な芸術《げいじゅつ》が見られる。博士は、若《わか》い頃《ころ》から、眼《め》に入った素早《すばや》く過《す》ぎ去るイメージをカメラでとらえることに専心《せんしん》してこられた。心の中で感情《かんじょう》が燃《も》え立つやいなや、衝撃《しょうげき》を与《あた》えた対象にねらいをつけ、とらえるのである。これは、感情を謳《うた》い上げることしかできない詩人を、はるかに超《こ》えるものである」と、指摘《してき》しています。

池田博士《はくし》が、森羅万象《しんらばんしょう》のうちに、しばしば見落とされがちな、しかしもともと存在《そんざい》する、深く密接《みっせつ》な関係を探究《たんきゅう》してきた成果は、今後、数世紀にわたって検証《けんしょう》されてゆくでしょう。

池田大作博士は、日本の精神《せいしん》をはるかに超《こ》えていると、私は評価《ひょうか》しています。博士は、国《くに》という狭《せま》い境界を超《こ》え、宇宙《うちゅう》の生命力を明らかにしようとしているのです。

博士が生み出す詩と写真は、人間性のもっとも高貴《こうき》な宝石《ほうせき》である〝人生の輝《かがや》き〟を謳《うた》い上げようとの決意を、雄弁《ゆうべん》に物語るものなのです。

諸大学《しょだいがく》での講演とその反響《はんきょう》

池田博士は、不戦《ふせん》世界を築《きず》くための活動の一環《いっかん》として、世界中の多くの名高《なだか》い大学から招聘《しょうへい》を受け、講演《こうえん》を行《おこな》っています。その一例をあげればハーバード大学（二回）、グアダラハラ大学（メキシコ）、パリ学士院、ボローニャ大学（イタリア）、モスクワ大学、北京《ペキン》大学、フィリピン大学、アンカラ大学（トルコ）、ブエノスアイレス大学（アルゼンチン）等、各大陸にまたがっています。そうした講演《こうえん》のテーマの多くは、物質的繁栄《ぶっしつてきはんえい》に対する、警告《けいこく》であり、また、洋の東西を問わず、物質的繁栄がいかにして急速《きゅうそく》になげかわしい精神的《せいしんてき》な貧困《ひんこん》を生み出してきてしまったのか、という点をめぐるものです。

博士《はくし》の講演《こうえん》には、非常《ひじょう》にすぐれた点があります。それは、それぞれの内容がすべて異《こと》なったものであり、つねに新鮮《しんせん》な理念をはらんでいることです。これは、この講演者がつねに語るべき新しいものをもっていること、すなわち、講演者の精神が絶《た》えず発展《はってん》していることを物語るものです。

このような力量は、ふつう、先見者《せんけんしゃ》や、なみはずれて直観力《ちょくかんりょく》に恵まれた人のみがそなえるものであります。そうした人々の創造力《そうぞうりょく》やビジョンは、誰《だれ》よりもはるかに速《すみ》やかに拡大《かくだい》し、展開《てんかい》するだけでなく、予言的な深さと自覚をもって、現状とは別の選択肢《せんたくし》を探《たん》究《きゅう》するのです。その選択肢は、社会や人間の変化がはらむ、危険《きけん》な側面にもとづくだけでなく、人間の生を豊《ゆた》かにし支《ささ》える、永遠《えいえん》の原理にもとづくものです。

人類は、メアリー・シェリーが創作《そうさく》したフランケンシュタインのような、科学者が創造《そうぞう》した怪物《かいぶつ》の触手《しょくしゅ》にとらわれてしまっているようです。いたるところに、ファウスト博士の苦悩《くのう》に満ちた叫《さけ》びが聞こえます。

一九九二年に、ブラジルのリオで開催された「地球サミット（環境と開発に関する国際会議）」は、人類生存への懸念《けねん》を反映するもので、この惑星《わくせい》を破滅《はめつ》させないために緊急《きんきゅう》の手段を講《こう》じることを提唱しました。

のちに作家になった科学者、ラルフ・ラップが述べた言葉は、不吉《ふきつ》な前兆《ぜんちょう》を示しています。

「現存《げんぞん》するもっともすぐれた科学者ですら、科学がわれわれをどこに連れていくのかを、本当に知りはしない。スピードをあげて走り抜ける列車に乗っているというのに、運転室のスイッチがわれわれをどの目的地に導くかを、誰も知らないのだ。運転室には、科学者は一人もいない。スイッチを操作《そうさ》しているのは、おそらく悪《あく》魔《ま》であろう。社会の多くの人々は、最後尾《さいこうび》の車両に座《すわ》り、後方を見つめているだけである」と。

ラルフは、「社会の多くの人々」といったのであって、「社会のすべての人々」といったのではありません。これは重要な点です。このような状況を懸念《けねん》し、（後方ではなく）前方を見ている人々がいるということなのです。

また、次のことも忘れられてはなりません。それは、時を超《こ》えて思索《しさく》し、まだ出現していない「時の子宮《しきゅう》」にあるものさえも洞察《どうさつ》できる非凡《ひぼん》な能力を授《さず》けられた人々が、つねに存在するということです。

そのような人々は、あらゆる分野《ぶんや》に存在し、支配的《しはいてき》な動向《どうこう》にあえて問いを発し、生命を賭《と》してまでも変革を求めて戦います。人類史は、そうした果敢《かかん》で勇気のある男女が織りなす、栄光の物語なのです。

池田博士は、一九九五年一月、ハワイの東西センターでの講演《こうえん》において、こうしたきわめて懸念《けねん》すべき状況《じょうきょう》について分析《ぶんせき》したのです。

講演《こうえん》「平和と人間のための安全保障《あんぜんほしょう》」には、専門家《せんもんか》のスピーチにありがちな、学者ぶった難解《なんかい》な専門用語《せんもんようご》や、学問的なくだくだしさはまったく見られず、すがすがしいほどに明晰《めいせき》です。この講演《こうえん》には、ベートーベンの交響曲《こうきょうきょく》にも匹敵《ひってき》するような、確信《かくしん》と美がにじみ出ているのです。

池田博士が、二十世紀の最大の教訓は、「〔人類が〕社会および国家の外的条件《がいてきじょうけん》を整《ととの》えることにのみ狂奔《きょうほん》し、それをもって幸福への直道《じきどう》であるかのごとき錯覚《さっかく》に陥《おちい》ってしまった」ことにあると指摘《してき》したとき、なみいる聴衆《ちょうしゅう》たちは、胸《むね》を突《つ》かれる思いがしたにちがいありません。

たしかに、物質的《ぶっしつてき》な分野《ぶんや》での発展《はってん》はめざましいものでしたが、平和や幸福といったものは、人類の手をすり抜《ぬ》けてしまっているのです。精神《せいしん》の空洞化《くうどうか》が大きく立ちはだかり、人々は不安にとらわれています。内面世界の変革《へんかく》、すなわち〝人間革命《かくめい》〟への志向《しこう》が、まったく欠けているのです。

池田博士は、人類が誇《ほこ》るいわゆる「文明」が、誤《あやま》った基盤《きばん》をもつことを、次のように激《はげ》しく批判《ひはん》しています。「空前の情報化社会《じょうほうかしゃかい》を迎《むか》えた今、膨大《ぼうだい》な知識《ちしき》や情報《じょうほう》を正しく使いこなしていく『智慧《ちえ》』の開発は、いよいよ重大な眼目《がんもく》となっているのではないでしょうか」と。

博士《はくし》は、この議論《ぎろん》をさらに進めて、現代《げんだい》に要請《ようせい》されているのは、「人間を分断《ぶんだん》するのではなく、人間としての共通の地平を見出《みいだ》そうとする智慧《ちえ》」であると、端的《たんてき》に指摘《してき》しています。

そして、講演《こうえん》の結論部分《けつろんぶぶん》では、地球の健全さを保持《ほじ》しつづけるために、有効《ゆうこう》な第一歩を踏《ふ》み出すことの重要性《じゅうようせい》を強調しながら、「対話の精神《せいしん》」を涵養《かんよう》することの必要性《ひつようせい》を指摘《してき》します。創価学会の創立者《そうりつしゃ》、牧口常三郎が、獄中《ごくちゅう》にあっても信念の対話をつづけ、迫害者《はくがいしゃ》をも仏法《ぶっぽう》に導《みちび》いたことに示《しめ》されるような、対話の精神《せいしん》であります。

講演が終了《しゅうりょう》したとき、期せずして盛大《せいだい》な拍手《はくしゅ》がわき起こりました。その拍手《はくしゅ》は、博士《はくし》が、聴衆《ちょうしゅう》たちの不安や望《のぞ》みをみごとに代弁《だいべん》したことを、十分に物語るものでした。講演で示《しめ》された誠実《せいじつ》さと深遠《しんえん》な見解《けんかい》は、この講演を記念すべき類《たぐい》まれなものとしたのです。

私がその講演を「歴史的講演《れきしてき》」といったのは、近年において、人類が直面する途方《とほう》もない問題群《もんだいぐん》を深く広く理解《りかい》し、それに対処《たいしょ》できる人は、博士をおいてほかにはいないからなのです。

宗教者《しゅうきょうしゃ》の社会的使命《しゃかいてきしめい》

ＳＧＩは、日蓮仏法《にちれんぶっぽう》の流布《るふ》にたずさわる中で、宗教者の社会的使命を果たすためには文化、教育の次元での活動を進めることが必要であることを、十分に理解《りかい》しているように思われます。

まことに偉大《いだい》な革命家《かくめいか》である池田博士《はくし》は、強く主張《しゅちょう》します。

「私どもがめざしているのは、真の意味での『人間主義《しゅぎ》』や『人間のための宗教』を追求することを通じて、人類が抱《かか》える難問克服《なんもんこくふく》へ向けて果敢《かかん》に行動していくことであります」と。

このような発言は、博士が、自《みずか》らが実践《じっせん》している宗教を深く理解《りかい》していることをうかがわせるだけでなく、仏教《ぶっきょう》を、日常《にちじょう》生活の中で生き生きと躍動《やくどう》するものとして定着させようと尽力《じんりょく》していることを示《しめ》しています。これは、歓迎《かんげい》すべきやり方であり、真に構想《こうそう》力《りょく》のすぐれた人物のみが、このような革新的《かくしんてき》な考えを抱《いだ》くことができるのです。

その反面、こうした考え方が、「宗教とは、出家僧侶《しゅっけそうりょ》による特定の礼拝《れいはい》の場においてのみ可能《かのう》な、純粋《じゅんすい》に精神的《せいしんてき》な探究《たんきゅう》である」と考える者たちの怒《いか》りをまねくのは、避《さ》けがたいことでしょう。

かつて、ノーベル賞を受賞した詩人、ラビンドラナート・タゴールは、〔ヒンドゥー教の〕僧侶《そうりょ》たちに対し、「祈《いの》りと讃歌《さんか》の詠唱《えいしょう》に専念《せんねん》することをやめて、民衆《みんしゅう》の中に入って働き、変革《へんかく》の援護《えんご》者《しゃ》となって、民衆《みんしゅう》が人生の目的を悟《さと》る手助《てだす》けをせよ」と訓戒《くんかい》したことがありました。

また、二十世紀の傑出《けっしゅつ》した指導《しどう》者《しゃ》の一人であるマハトマ・ガンジーは宗教を人々の日常《にちじょう》生活に内在化《ないざいか》させることが必要であると強調し、そのたしかな方途《ほうと》を示《しめ》したのです。

世界的に宗教の意義《いぎ》が問い直されていることは、人々の心にある種《しゅ》の不安が高まっていることの反映《はんえい》であると、池田博士《はくし》は考えます。これは正しい見解《けんかい》です。博士は、現代《げんだい》社会における生きた宗教の役割《やくわり》を検証《けんしょう》し、今、求められているのは、真に「世界宗教」の名にあたいする「人間のための宗教」であると、感じています。

「SGI憲章《けんしょう》」と「世界市民」の概念《がいねん》

SGI発足《ほっそく》二十周年を記念して制定《せいてい》された「SGI憲章《けんしょう》」は、平和と正義《せいぎ》のうちに生きようと努力してきた人類史の中で、記念すべき画期的なものです。

同憲章《どうけんしょう》の「世界市民の理念」、「寛容《かんよう》の精神《せいしん》」、「人権《じんけん》の尊重《そんちょう》」という三つの主要な柱は、地球と人類の運命に危惧《きぐ》を抱《いだ》くすべての人々が注目《ちゅうもく》し、早急《さっきゅう》に検討《けんとう》すべき内容《ないよう》であり、憲章《けんしょう》のもっとも重要な部分です。

現代人《げんだいじん》のさまざまな願望、蔓延《まんえん》する不安感、その他の一般的《いっぱんてき》な状況《じょうきょう》を考えれば、これらの三つの柱《はしら》が、世界宗教の不可欠《ふかけつ》な条件となり、その興隆《こうりゅう》のための推進力《すいしんりょく》となることが望《のぞ》まれます。

現在《げんざい》求められているものは、人間の尊厳《そんげん》を守るための人類の共闘《きょうとう》なのです。人類史において、今ほど人権《じんけん》が侵害《しんがい》されたことはありません。SGIは、〔十章からなる憲章《けんしょう》のうち〕次の三つの方針《ほうしん》を、将来《しょうらい》の革命《かくめい》のためのもっとも重要な指針《ししん》としましたが、それは妥当《だとう》なことでしょう。

＊SGIは、「世界市民の理念」にもとづき、いかなる人間も差別《さべつ》することなく、基本的人権《きほんてきじんけん》を守る。

＊SGIは、「信教の自由」を尊重《そんちょう》し、これを守り抜《ぬ》く。

＊SGIは、仏法《ぶっぽう》の寛容《かんよう》の精神《せいしん》を根本に、他の宗教を尊重《そんちょう》して、人類の基本的問題《きほんてきもんだい》について対話し、その解決《かいけつ》のために協力していく。

世界中の心ある人々の注目《ちゅうもく》を集める、きわめて重要な問題があります。それは、民主《みんしゅ》主義的機構《しゅぎてききこう》においては、自《みずか》ら正しいと考えることを推進《すいしん》する活動に携《たずさ》わる権利《けんり》の侵害《しんがい》が、どの程度縮小《ていどしゅくしょう》されるのかということです。いかなる理由があろうとも、そうした権利《けんり》に干渉《かんしょう》することは、人権侵害《じんけんしんがい》にほかならないのです。

この点で、第三十六回創価学会本部総会《ほんぶそうかい》での池田博士《はくし》のスピーチは、特筆《とくひつ》すべきものでしょう。

「……私どもと異《こと》なった思想、意見をもった人々であったとしても、もしその人たちが暴虐《ぼうぎゃく》なる権力《けんりょく》によってその権利《けんり》を奪《うば》われ、抑圧《よくあつ》されそうな時代に立ち至《いた》ったときには、『人間の尊厳《そんげん》』の危機《きき》を憂《うれ》えて、断固《だんこ》、それらの人々を擁護《ようご》しゆくことを決意しなければならないということであります。

たとえば、他宗教の人であれ、また宗教否定《ひてい》の思想をもつ人であったとしても、これらの人を守りたい。これこそが、人間の尊厳《そんげん》を謳《うた》いあげた仏法《ぶっぽう》がもっている理念の帰着《きちゃく》であるからであります」と。

ブッダのもっとも深遠《しんえん》な認識《にんしき》の一つが、『涅槃経《ねはんぎょう》』に示《しめ》されています。「一切衆生《いっさいしゅじょう》の異《い》の苦を受くるは悉《ことごと》く是《こ》れ如来《にょらい》一人の苦」と。これに対する日蓮《にちれん》の解釈《かいしゃく》は、「日蓮《にちれん》が云《いわ》く一切衆生《いっさいしゅじょう》の異《い》の苦を受くるは是《こ》れ日蓮《にちれん》一人の苦なるべし」（「御義口伝《おんぎくでん》」、『日蓮大聖人御書《ごしょ》全集』七五八ページ）というものでした。

ＳＧＩの活動が、日蓮《にちれん》の教《おし》えが示《しめ》すような、民衆《みんしゅう》の苦しみと悲しみへのあふれんばかりの共感と慈悲《じひ》に導《みちび》かれていたということは、すばらしいことです。

その根底には人権《じんけん》の普遍性《ふへんせい》が見られます。そして、セクト主義《しゅぎ》を超越《ちょうえつ》するために求められるのは勇気なのです。ＳＧＩは、まさにこのことを実践《じっせん》し、驚異的《きょういてき》な成功をおさめています。

ＳＧＩが展開《てんかい》している活動――日蓮仏法《にちれんぶっぽう》の真髄《しんずい》である諸価値《しょかち》と、基本的《きほんてき》な教義《きょうぎ》を、何としても守ろうとする活動――を見れば、宗教を生きた力にすることの重要性が深く認識《にんしき》されていることがわかります。このことは、いわゆる〝正統派《せいとう》〟と称する伝統宗教から解放されることによってのみ可能《かのう》となることに、ＳＧＩのメンバーたちは気づいているようです。

運動というものは、社会的に有益《ゆうえき》な活動を続行することによってはじめて、平和、文化、教育を向上《こうじょう》させることができます。池田博士《はくし》は、そうしたやり方のみが、世界に「新たな人間主義《にんげんしゅぎ》」にもとづく連帯《れんたい》の輪《わ》を広《ひろ》げてゆくのに役立つであろうと強調します。

「今や、世界における〝非人間性〟の克服《こくふく》をめざして、人類が希望の選択《せんたく》と決然たる行動をすべき時がきているのであります」と。

池田博士の思考がそなえる斬新《ざんしん》さは、まちがいなく、現代《げんだい》の他の思想家や教師《きょうし》たちとは一線を画《かく》すものであります。池田博士が提唱《ていしょう》する「世界市民」の概念《がいねん》は、はるか遠くの実現《じつげん》不可能《ふかのう》な夢ではありません。

前途《ぜんと》に横たわる途方《とほう》もない困難《こんなん》にもかかわらず、新たな〝地球家族〟が出現《しゅつげん》しつつある状況《じょうきょう》を見れば、博士の夢《ゆめ》が速《すみ》やかに現実《げんじつ》のものとなることが、希望をもって期待できるのです。

いかなる鑑識眼《かんしきがん》のある分析者《ぶんせきしゃ》も、池田博士がかつて行った提言《ていげん》や予測《よそく》の多くが実現《じつげん》し、また、関係機関によって実施《じっし》され、提言《ていげん》の妥当性《だとうせい》と有効性《ゆうこうせい》が裏づけられるようになるとは、想像《そうぞう》もできませんでした。

歴史のページを丹念《たんねん》にひもといてみれば、偉大《いだい》な教師《きょうし》や夢想家《むそうか》たちが、〝時の子宮《しきゅう》〟（前兆）の中にあるものを予見《よけん》できたことや、彼らがつねに世界観をもっていたことを、理解《りかい》できるでしょう。世界市民を育成《いくせい》しようとの池田博士《はくし》の呼《よ》びかけは、〝人間革命《にんげんかくめい》〟に向けてのさらに大きな歩《あゆ》みです。

池田博士は、世界市民を育成し、〝人間革命《かくめい》運動〟を推進する上で重要なのは、寛容《かんよう》と和解《わかい》であることを強調しつつ、ネルソン・マンデラ博士とデ・クラーク氏が示《しめ》したすぐれた指導力《しどうりょく》の意義《いぎ》を指摘《してき》します。

アパルトヘイトは、南アフリカの数百万の人々に甚大《じんだい》な悲劇《ひげき》をもたらしましたが、両氏は、長年にわたりアパルトヘイトの名のもとに南アフリカを分断《ぶんだん》し、多数の死傷者《ししょうしゃ》を出した闘争《とうそう》の傷《きず》を癒《いや》す作業に、勇気をもって取り組んでいます。おそらく、南アフリカほど寛容《かんよう》と和解《わかい》の精神《せいしん》がモットーとなっている国は、他にはないでしょう。それは、二人の偉大《いだい》な指導者《しどうしゃ》のリーダーシップのおかげなのです。

ちなみに、池田博士《はくし》は、次のように要請《ようせい》しています。

「私自身、『寛容《かんよう》の精神《せいしん》』を掲《かか》げ挑戦《ちょうせん》を続ける南アフリカの中に、時代が要請《ようせい》する『共生《きょうせい》の哲学《てつがく》』の可能性《かのうせい》が秘《ひ》められていると信じており、この〝人類未踏《じんるいみとう》の挑戦《ちょうせん》〟

に対して、国際《こくさい》社会は支援《しえん》を惜《お》しむべきではないと考えます」と。

また、池田博士は、「人間の宗教」の出現《しゅつげん》を唱道《しょうどう》した偉大《いだい》な詩人、ラビンドラナータ・タゴールの魂《たましい》の叫《さけ》びに満ちた主張《しゅちょう》にふれながら、宗教が本来果たすべき役割《やくわり》は、人々の分断《ぶんだん》された心を、「普遍的《ふへんてき》な人間精神《せいしん》」で結び直《なお》すことにあると論《ろん》じます。

これは、すでに、歴史的なハーバード大学での講演《こうえん》の中でも強調されたものです。すなわち、寛容《かんよう》の精神《せいしん》とは、〝より大きな秩序《ちつじょ》と共生〟の感覚からのみ涌《わ》き出るものなのです。

ビジョンを失《うしな》わせるような冷笑主義《れいしょうしゅぎ》は、創造的《そうぞうてき》な楽観主義《らっかんしゅぎ》に道をゆずらなくてはなりません。そうすることによって、人類は難問《なんもん》に対し、堂々と勇気をもって挑戦《ちょうせん》することができるのです。そして、希望が実現《じつげん》する夜明《よあ》けに向けて、前進してゆくことができるのです。

池田博士《はくし》の提言《ていげん》を読み通すとき、そのあふれんばかりのヒューマニズムと、すべての生きとし生けるものの幸福への気づかいに、心を打たれます。博士が、このように深遠《しんえん》な思想を人類に提出《ていしゅつ》しつづけているということは、人類にすばらしい未来が待っていることの前兆《ぜんちょう》であります。

博士は、たゆみない平和旅のゆえに、高名《こうめい》を馳《は》せています。また、人類は一つの家族であるとの理念と人類愛を高めゆくための活動ゆえに、評価《ひょうか》されているのです。

池田博士が提唱《ていしょう》する〝人間革命《にんげんかくめい》〟は勢《いきお》いを増《ま》し、来《きた》るべき時代により大きな意義《いぎ》を獲得《かくとく》するような、ルネサンスの潮流《ちょうりゅう》となってきました。

こうしたきわめて重大なときにあたり、まっ先に念頭に浮《う》かぶのは、シェークスピアがソネット〔十四行詩〕の中で革命《かくめい》について謳《うた》った一節です。

「時代の冷酷《れいこく》な手にもかかわらず
あなたの価値《かち》を讃《たた》える私の詩は
希望に満ちた時代に
時を超《こ》えて残ってゆくだろう」

池田博士《はくし》は、ガンジーとキングについて、次のように述《の》べています。

「自他《じた》ともの『生命の尊厳《そんげん》』に目覚《めざ》めさせ、一人また一人と『平和と非暴力《ひぼうりょく》の連《れん》帯《たい》』を広《ひろ》げていったのが、マハトマ・ガンジーであり、キング博士だったのであります。この二人の『詩人』の闘争《とうそう》に、私は、二十一世紀の平和運動の進む道が示されていると思う一人であります」と。

平和と変革の唱導者《しょうどうしゃ》であるガンジーとキングの英雄的《えいゆうてき》な生涯《しょうがい》と偉大《いだい》な業績《ぎょうせき》を、このようにきわめて人間主義的な見地《けんち》から分析《ぶんせき》できたのは、池田博士だけでした。

ガンジーとキングが残した業績《ぎょうせき》は多岐《たき》にわたるので、それらを、両者の気質《きしつ》や政治的・文化的・社会的状況《じょうきょう》も考えあわせて把握《はあく》するためには、構想者《こうそうしゃ》としてのすぐれた力量《りきりょう》が必要なのです。

また、その構想者は、実践的《じっせんてき》でなくてはなりません。構想者は、伝統《でんとう》を掘《ほ》り起《お》こします。しかし、多様な伝統を理解するためには、急速《きゅうそく》に変わりゆく現代の日常生活も考慮《こうりょ》しなければならないのです。そして、その現代生活は、だいたいにおいて科学技術によって規制《きせい》されています。

現在、人々のコミュニケーションは、携帯電話《けいたいでんわ》、電子《でんし》メール、インターネット、ファックスなどの非人間的で機械的な器具《きぐ》に支配され、コントロールされており、人間的な触《ふ》れあいや人間的要素は背景《はいけい》に追いやられてしまっています。社会改革家、道徳活動家、宗教的・政治的活動家たちは、信頼《しんらい》すべきコミュニケーションをどこに見出《みいだ》せばよいのでしょうか。

ガンジーは、大衆との間にかつてない関係を打ち立てました。また、キングは、情熱的に運動に関《かか》わり、司法《しほう》に拒絶《きょぜつ》された自由を愛する市民たちを連帯《れんたい》させ、彼らの社会・政治活動に大きな可能性を開きました。

ガンジーとキングが展開した多くの活動は、闘争《とうそう》を非暴力的に展開し、問題を解決するという、まったく新たな戦略があるということを、人々に広く認識させました。彼らによって、非暴力は新たな形態を獲得《かくとく》し、一人一人のエンパワーメントと社会変革のための積極的で創造的《そうぞうてき》、かつ有力で効果的な手段となったのです。

歴史におけるガンジーの意義は、慎重《しんちょう》に練《ね》り上げた非暴力的な手法《しゅほう》を用いて、伝統的な智慧《ちえ》のいくつかを実践した点にあります。一方、キングは、非暴力に代《か》わるものはないとの確信をもって、ガンジーの社会的・政治的動員の手法を、アメリカの黒人たちの気質と願望にあわせて新たに展開しました。

ガンジーが枠組《わくぐ》みを提供《ていきょう》し、キングがそれを拡大したのです。キングが示した哲学と手法は、非常に効果的でした。それで、キングは、暴力が社会的諸問題を解決するための有効な手段ではないことを、白人にも黒人にも納得《なっとく》させられると確信したのです。

「勝利をわれらに」の歌が世界の多くの国々で翻訳《ほんやく》されたこと、そして、紛争《ふんそう》解決のためにキング流の手法が採用《さいよう》されていることは、キングの影響力《えいきょうりょく》が大きくなりつつあることの証左《しょうさ》といえるでしょう。

ガンジー、キングと池田博士《はくし》には、かなりの類似性《るいじせい》と、目的の同一性が見られます。彼らは皆、人間的な配慮《はいりょ》にあふれており、すべての人間は尊敬《そんけい》され育《はぐく》まれるべき神聖《しんせい》な存在であると主張しました。彼らは、「かがり火」、あるいは「灯台《とうだい》」として出現したのです。

ガンジーは、非暴力的闘争を「サティヤーグラハ（真理掌握）」として理解し、キングは、それを「アガペー（愛）」と解釈しました。池田博士は、それを、「南無妙法蓮華《なむみょうほうれんげ》経《きょう》」によって「信仰に生きること」と表現しています。これらは、概念的なレベルでは、「サルヴォダヤ（ガンジー）」、「愛する国（キング）」、そして「広宣流布《こうせんるふ》（池田）」に象徴《しょうちょう》されています。

人間の自由を求めて戦った三人の偉人が、純粋で妥協《だきょう》を許すことのない活動において強調したことは、人間のあらゆる努力の基盤《きばん》は宗教あるいは精神性でなければならないということでした。

興味深《きょうみ》いことに、三人ともそのインスピレーションを各々《おのおの》の宗教から引き出しており、ともに進歩的、現実主義的かつ科学的な宗教観を持っていました。彼らは、膨大《ぼうだい》なキャンペーン、運動と活動を行うことによって、宗教をいわゆる「正統派」や反啓蒙主義《はんけいもうしゅぎ》の支配から解放《かいほう》しようとしたのです。

ガンジー、キングと池田博士が展開した闘争《とうそう》のきわめて重要な側面《そくめん》は、自《みずか》らの宗教の基本的な原理に対する忠実《ちゅうじつ》さと献身《けんしん》であり、また、急速《きゅうそく》に崩壊《ほうかい》しかねなかった各宗教に、新たなダイナミズムとビジョンと生命を吹きこんだことです。「正統派」と称する伝統的諸宗教による支配は、宗教を崩壊させかねませんが、新しい時代の潮流《ちょうりゅう》もまた、宗教を攻撃《こうげき》し、崩壊させることがあるのです。

この三人が皆、インスピレーションを宗教から引き出したこと、そして、宗教を人生における重要なもの、真に人々を導《みちび》き、力を規制《きせい》するものとしたことは、驚嘆《きょうたん》すべきことでした。

ガンジー、キングと池田博士に共通するもう一つの点は、民衆《みんしゅう》を勇気づけ、恐《おそ》れから解放《かいほう》するために、宗教を用いたことです。

ガンジーは指摘《してき》しています。

「恐《おそ》れがあるところ、宗教は存在しません」

また、

「恐れがないとは、すべての外的《がいてき》な恐れ――病《やま》いや身体への危害《きがい》の恐れ、死への恐れ、強奪《ごうだつ》されることへの恐れ、もっとも近《ちか》しく親しいものを失う恐れ、名声《めいせい》を失う恐れ、他人を怒《おこ》らせてしまう恐れなど――からの解放を含《ふく》むのです」と。

一方、キングは、あらゆる恐れは信念によって克服《こくふく》できると確信していました。

「(信念のみが)絶望《ぜつぼう》という渦巻《うずま》く強風を、希望という暖《あたた》かい、人々を蘇生《そせい》させるそよ風に変えることができるのです。

一世代前の、信心深い人々の家の壁《かべ》によく貼《は》ってあったモットーが、私たちの心に響《ひび》きわたる必要があります。それは、『恐怖がドアをノックした。信念が答《こた》えた。そこには誰《だれ》もいない』というモットーです」

池田博士の指導は、一貫《いっかん》して民衆に勇気と生きる希望を与えるものです。

「ともあれ、勇気ある人になってください。勇気ある人が幸せです。勇気を失ったら、人間、何も残らない。反対に、すべてを失ったとしても、勇気さえ残っていれば、一番大事なものが残っているのです」

どれほど多くの人がこれらの励ましにより立ち上がったことでしょうか。

ガンジーとキングの活動範囲《はんい》は、地理的に限定《げんてい》されていました。ガンジーの活動の第一段階は、南アフリカで行われ（一八九三―一九一四年）、第二段階と最終段階は、インドで行われました（一九一五―一九四八年）。そこで彼は、自由を求める非暴力《ひぼうりょく》的で国民的な覚醒《かくせい》運動を指導したのです。

キングは、アフリカ系アメリカ人が恐怖心《きょうふしん》を振《ふ》るい落とし、彼の「夢」を分かちあうように育成することに、活動の中心をおきました。

ガンジーとキングが採用《さいよう》した手法《しゅほう》と戦略《せんりゃく》は、「別の集団」の多くの人々の注目《ちゅうもく》を引いただけではなく、彼らに受け入れられたのです。事実、彼らの運動には、いかなる「敵《てき》」

も「反対者」もいませんでした。

彼らの運動は、本質的に自己発見とエンパワーメントのための運動であり、抑圧《よくあつ》された人々を解放《かいほう》へと導《みちび》くものでした。ガンジーもキングも、本質的に解放者だったのです。

第二次大戦後、ガンジーの運動は、自由と人権をめざす運動として世界的な注目を浴びました。ヨハン・ガルトゥングが指摘《してき》するように、キングは、ガンジーへの恩義《おんぎ》を認識していました。

「歴史上のガンジーだけではなく、彼の思想をさまざまな方向に解釈した多くのガンジーが存在します。また、あらゆる大陸、あらゆる国に、その地域のガンジーが存在するのです」

キングにノーベル賞が贈《おく》られたことは、次の二つの点を物語っています。

一つは、彼が指導者として人々に衝撃《しょうげき》を与えるほどの資質《ししつ》をもっていたことです。もう一つは、アフリカ系アメリカ人だけでなく、世界各地で、一部の人々の正義や機会の平等《びょうどう》が否定《ひてい》され、不公正が行われていたことを、国際社会が認めたことです。キングの運動は一地域に限定されていたにもかかわらず、世界に影響を与えたのです。

ガンジーやキングとはきわめて対照的《たいしょうてき》に、池田博士は、その運動を日本からしだいに拡張《かくちょう》してゆき、新たなスタイルと指導性をともなう世界規模《きぼ》の広宣流布《こうせんるふ》運動へと発展させました。

池田博士は、ガンジーとキングについて次のように語っています。

「二人とも、人間の善なる精神性を信じ、それを万人の中に等しく見出《みいだ》し、生き生きと引き出しながら、一人一人の内なる変革をもたらしていったのであります」

と。

博士は、伝統的な諸宗教がかえりみられない時代にあって、「信仰を活動へ」と転換《てんかん》するために、果敢《かかん》に実践を重ねてきました。その手法《しゅほう》は、きわめて創造《そうぞう》的で革新的なものなのです。

広宣流布運動が世界的な組織へと拡大したこと、百九十カ国に活動家や支持者が存在すること、また、ほぼすべての人種、宗教、言語、民族にまたがり、驚《おどろ》くほど献身《けんしん》的な

「菩薩《ぼさつ》」（他人の幸福のためにつくす人）たちが存在することは、池田博士がなみはずれた創造的指導性の資質《ししつ》をそなえていることを物語るものです。

博士は、信じがたいエネルギーをもって、世界各国を歴訪《れきほう》し、あらゆる分野《ぶんや》の人々――芸術家、人権闘争家、エコロジスト、平和推進者など――と対話を交《か》わし、その生命観を分かちあうすべての人々と個人的な親交《しんこう》を打ち立てています。

これほど人間的かつ高尚《こうしょう》で、広範《こうはん》かつ親密な親交を打ち立てることのできた人は、歴史上かつて存在しなかったでしょう。博士は、世界中の数千万の人々を勇気づけ、一人一人の日常生活に指針を与える、「世界の先生」となっているのです。

一九四八年一月三十日、ガンジーは、インド人の男によって暗殺《あんさつ》されました。インドが自由を獲得《かくとく》したわずか六カ月後のことでした。その日は金曜日で、彼はいつものように夕《ゆう》べの祈りにおもむくところでした。

ヒンドゥー教の狂信者《きょうしんしゃ》だった暗殺者が、ガンジーのかぼそい身体に三発の銃弾《じゅうだん》を打ちこみ、二、三分後にガンジーは亡《な》くなりました。「へー、ラーマ（おお、神よ）」との最後の言葉《ことば》を残して。

憎悪《ぞうお》につかれた暗殺者は、おそらく、ガンジーと、ガンジーが代表していたすべてのものを抹殺《まっさつ》したいと思っていたのでしょう。彼は、銃弾の助けを借《か》りて、ガンジーを肉体的に亡《な》き者にすることはできました。しかし、その後、ガンジーは人類に大きな影響を与え、人類のもっとも偉大な教師の一人となったのです。

ガンジーと同じく、キングも、一九六八年にメンフィスで暗殺されました。さまざまな人権侵害《じんけんしんがい》に対するキャンペーンの真《ま》っただ中でした。利害《りがい》関係をもち、脅威《きょうい》を感じた人々が、キングたちと対立し、肉体的に彼らを抹殺《まっさつ》しようとしたのは、当然のなりゆきだったかもしれません。

たしかに、彼らは、肉体的にはキングを亡《な》き者にすることはできました。しかし、その後に起こったことは、ガンジーとキングが、その死によってより大きな存在となり、実際に、世界中のさまざまな運動の中心点となったことを示しているのです。

ガンジーとキングが示した知恵《ちえ》は、二十世紀前半には主に口伝《くちづた》えで、その後は多くの分析《ぶんせき》的研究や調査によって広く伝えられました。また、ラテン・アメリカ、ポーランド、東ドイツ、チェコ、スロバキア、ミャンマー、タイ、南アフリカ、フィリピンをはじめとする国々の多くの人々や民衆《みんしゅう》運動が、その知恵を採用《さいよう》し、成功をおさめたのです。

ガンジーもキングも池田博士も、独特《どくとく》な手法を用いた創造性《そうぞうせい》あふれる天才であります。彼らの、人間の本質についての理解と、革新《かくしん》的な手法を考えると、その知恵の特質が明確になるでしょう。

現在、要請《ようせい》されているのは、人間同士の信頼や、人類が数世紀にわたって発展させてきた慣習《かんしゅう》や諸制度に対する信頼を回復することであることを、彼らは確信していました。

池田博士は、科学と人間精神との関係にこそ、問題の本質があると指摘《してき》し、次のように論じています。

「科学の発達は、私たちに物質的な豊《ゆた》かさをもたらしましたが、半面、科学至上《しじょう》主義に走って、人間の精神世界とのバランスを崩《くず》したために、多くの問題を生み出してしまいました。物質的な豊かさだけに目を向けるのではなく、精神の世界を豊かに開発することが重要な時代を迎えていると思うのです」と。

そして、人類が直面している主要な脅威《きょうい》として、人口爆発《ばくはつ》、食糧《しょくりょう》不足、資源枯渇《こかつ》、環《かん》境破壊《きょうはかい》、核《かく》の誤用《ごよう》、野放《のばな》しにされた技術などを分析《ぶんせき》し、いずれも、地球全体にかかわる深刻《しんこく》な問題であり、国家の枠《わく》を超《こ》えた人類的視野《しや》からの取り組みが要請《ようせい》されていると指《し》摘《てき》しています。

「……しかし、なかなか解決もおぼつきません。その原因として『第七の敵《てき》』が立ちふさがっている、とするのです。それには二つの側面《そくめん》があって、一つは人類の道徳的迷妄《めいもう》であり、もう一つは国内的政治機構の通弊《つうへい》です」

そして、「山中《さんちゅう》の賊《ぞく》を破《やぶ》るは易《やす》く、心中《しんちゅう》の賊を破るは難《かた》し」を引きあいに出して、「なかでも、人類の道徳的迷妄《めいもう》を注視《ちゅうし》せざるをえないのです」と語っています。

博士は、二十一世紀を「生命の世紀」と呼び、幸福な人生と生活を享受《きょうじゅ》できる世紀であると考えます。それは、とりもなおさず、人間生命の尊厳性《そんげんせい》がますます重視《じゅうし》される時代です。そして、生命自体の深い本質が理解されてはじめて、それは可能になるでしょう。

池田博士は、一人一人の幸福と世界平和への関与《かんよ》をふたたび主張して、次のように記しています。

「戦争のない世界を築《きず》くか築かないかは、人間次第であります。それを不可能とあきらめてしまうか、あくまでもその難行《なんぎょう》に挑戦《ちょうせん》していくか、そこに二十一世紀の命運《めいうん》がかかっております。

考古学者の説《と》くところによりますと、人間の歴史四百万年の中で、集団同士がぶつかりあう戦争の歴史は、一万年にも満たないそうであります。とするならば、戦争のない人間社会の実現はけっして不可能ではないという確信がわくではありませんか。

戦争と暴力の二十世紀の中で翻弄《ほんろう》されてきた民衆《みんしゅう》が、今や歴史の主役として登場する時代がやってまいりました。民衆こそが、新しい共生《きょうせい》の秩序《ちつじょ》を建設するための主体者なのであります。

その民衆の国境を超《こ》えた連帯《れんたい》により、世界の不戦を実現させ、第三の千年を希望輝《かがや》く時代にしようではありませんか。そのために本年も私は、世界を駆《か》け巡《めぐ》り平和のための対話をつづけてまいる所存《しょぞん》です」

池田博士の人間主義的な世界観を見ると、博士が伝統を尊重《そんちょう》すると同時に、進歩や科学的な精神の枠組《わくぐ》みも尊重していることがわかります。

毎年出されるSGI会長の提言《ていげん》は、博士がこの惑星《わくせい》の上でのよりよい明日の生活を守るために、健全で人間的なアプローチを展開することについて、深く認識していることを示しています。博士は、現在の世代が生んでしまった現代文化の病《やまい》のゆえに、次世代の人々から非難《ひなん》されるようなことがあってはならないと考えているのです。それらをめぐる提言《ていげん》は、すべて最高の水準をもつものです。

池田博士は、対話外交、文化祭、展示会《てんじかい》を展開し、さらには、世界中の青年に「ルネサンス」「人間革命《にんげんかくめい》」をめざす活動を提示《ていじ》していますが、現代世界においてそのようなことに成功した指導者は、皆無といえましょう。

軍縮《ぐんしゅく》、人道的活動における国連の役割、平和維持活動における国連の役割《やくわり》、南北の対話、南と南の対話などに関して、今日の世界の指導者たちは政治的決断を行《おこな》ってきましたが、そうした決断の多くの発想の淵源《えんげん》は、池田博士が折《おり》にふれて示してきた提言の中にあったのです。

そして今、池田博士はあらゆるレベルにおける一対一の「対話」こそ重要であると強調しているのです。

「現在、『国際コミュニケーション論』の専門家として、ハワイ大学で教鞭《きょうべん》を執《と》られるテヘラニアン博士は、現代の世界が直面している危機《きき》を、端的《たんてき》にこう表現されている。

『私たちが迎えた新しい世界とは、コミュニケーションの回路《かいろ》は拡大しているにもかかわらず、対話そのものは切実《せつじつ》に不足している世界のことである』と。

たしかに、インターネットなどの急速な普及《ふきゅう》に伴《ともな》い、『IT(情報技術)革命』が声高《こわだか》に叫ばれる時代のなかで、情報を伝達《でんたつ》するためのツール(手段)は、かなり整《ととの》ってきた。

しかし、それがそのまま、人間と人間の〝心の距離《きょり》〟を縮《ちぢ》め、相互《そうご》理解《りかい》から相互《そうご》信頼《しんらい》を結ぶことに役立っていないのが現状である。出来《でき》合《あ》いのステレオタイプの情報が一方的に増幅《ぞうふく》され、多くの人々がそれを受動的に受け取ることしかできない状況も生まれてきた。

博士は、こうした情報化社会の〝陥穽《かんせい》〟（落《おと》し穴《あな》）を、鋭《するど》く警告《けいこく》されたのである。

〝頂門《ちょうもん》の一針《いっしん》〟ともいうべき博士の指摘《してき》に、私は、哲学者《てつがくしゃ》マルティン・ブーバーの言葉を思い浮かべた。

『（行《おこな》うべき対話は）相手を現実に見つめることもせず、呼びかけもしないあの見せかけの対話ではなくて、確信から確信への真の対話、胸襟《きょうきん》を開いた人格から人格の真の対話である』（植田重雄訳『我と汝《なんじ》・対話』、岩波文庫）

この『開かれた対話』の精神こそ、現代の世界に待たれているものではないだろうか」

世界の指導者としての博士の影響力は、しだいに大きくなりつつあり、ほとんどすべての政府、数百の大学と、世界中の芸術・文化の名声ある諸機関が、そのきわ立った人間主義への貢献《こうけん》、なかんずく、個々人が生命の尊厳《そんげん》をつちかう上で行うことができる大きな役割を評価し、恒久的《こうきゆう》で創造的《そうぞう》な活動を認識して、称賛《しようさん》してきたのです。博士の業績は、きわめて膨大《ぼうだい》なものなのです。

正義、自由、平等《びようどう》と平和のために非暴力的に闘《たたか》ったガンジー、キング、池田博士の三人は、ある一つの根本的で恒久的な特質を主張しています。彼らは、宗教を堅《かた》く信じており、宗教が人々を解放し、エンパワーするものであると考えたのです。

彼らは、宗教が信者たちを奴隷《どれい》にすることを望《のぞ》みません。それで、平和と調和の闘士《とうし》として、「信仰から金銭《きんせん》へ」ではなく、「信仰から行動へ」の転換《てんかん》に焦点《しようてん》をあわせました。そのため、「正統派」と称する伝統宗教は、彼らを避《さ》け、悪意《あくい》をもって攻撃《こうげき》したのです。

愛、寛容《かんよう》、非暴力《ひぼうりよく》と対話の唱導者《しようどうしや》である彼らは、悪に対して非暴力的《ひぼうりよく》に闘《たたか》うために、万能《ばんのう》の手腕《しゆわん》を発揮《はつき》しました。ブッダとイエスは、非暴力的な手法《しゆほう》が有効であることを身をもって示しました。そして、無数の非暴力主義者たちが、その道を歩《あゆ》んだのです。ガンジー、キングと池田博士は、ブッダとイエスの教《おし》えを、現代の現実の中で再解釈《さいかいしゃく》しました。ガンジーとキングは、人々を鼓舞《こぶ》する源泉《げんせん》でありつづけています。

そして、キングの母校であるモアハウス大学のキング国際チャペルのカーター所長は「ガンジー・キング・イケダ社会貢献賞」を設置し、その記念式典において次のように述べています。

「私は、私たちと同じく現在生きている人で、民衆の真《ま》っ只中《ただなか》を、ガンジー、キングが立ち上がった同じ目的に向かって歩み続ける〝生きた模範〟に出会いました。

その名は池田大作――」

池田博士は、比類《ひるい》のない洞察力《どうさつりょく》と決意をもって、やむことのない探究《たんきゅう》の象徴《しょうちょう》となっています。まさに、世界の焦点《しょうてん》、「世界の先生」「偉大《いだい》なる魂《たましい》」となっているのです。

訳者あとがき

本書は、インドのデリーにある国立ガンジー記念館の前館長、ラダクリシュナン博士《はくし》(N.Radhakrishnan) が書き下ろした「Gandhi, King and Ikeda」を邦訳したものです。

ラダクリシュナン博士は、世界的に高名なガンジー主義者で、世界中の識者や活動家と連帯《れんたい》し、非暴力《ひぼうりょく》による平和実現への運動を展開《てんかい》しています。同博士は、本書において、ガンジー、キング、池田博士を、各々の奉じる宗教に深く根ざしながら、非暴力と対話による変革をめざし民衆とともに闘った偉人として、高く宣揚《せんよう》しています。

人々が「平和の世紀」への希望と期待を込めて新世紀に船出したにもかかわらず、「聖戦」と「報復」の声が暗雲をもたらしています。「憎しみの連鎖《れんさ》」は止まるところを知りません。今こそ世界は、この三人の偉人の思想と行動に注目し、学ぶべきではないでしょうか。その意味で、非常にタイムリーな出版となったと思います。

池田博士は、「自他ともの『生命の尊厳』に目覚《めざ》めさせ、一人また一人と『平和と非暴力の連帯』を広げていったのが、ガンジーであり、キングだったのであります。この二人の『詩人』の闘争に、私は、二十一世紀の平和運動の進む道が示されていると思う一人であります」と指摘していますが、そこに連なるのが池田博士であり、SGIの運動なのです。

憎悪《ぞうお》ではなく慈悲にもとづき、分断から結合へ、破壊から創造へと時代を変革しゆく潮流《ちょうりゅう》を高める上で、本書が貢献《こうけん》できることを心より念願しております。

最後になりましたが、企画の段階から出版の労をとってくださった第三文明社に、深く感謝申し上げる次第です。

二〇〇一年十二月

栗原淑江

引用・参考文献一覧

・池田大作『新・人間革命』第一～六巻、聖教新聞社、一九九八～一九九九年。
・池田大作／ヨハン・ガルトゥング『対談 平和への選択』毎日新聞社、一九九五年。
・マジッド・テヘラニアン 池田大作対談『二十一世紀への選択』潮出版社、二〇〇〇年。
・ディビッド・クリーガー／池田大作『希望の選択』河出書房新社、二〇〇一年。
・辻直四郎編『世界古典文学全集3 ヴェーダ・アヴェスター』筑摩書房、一九六七年。・日本聖書協会『聖書』一九七五年。
・森本達雄『ガンジー』『人類の知的遺産』六四、講談社、一九八一年。
・本田創造『アメリカ黒人の歴史』岩波書店、一九六四年。
・ガンジー／竹内啓二他訳『マハトマ・ガンジー 私にとっての宗教』新評論、一九九一年。
・マーティン・ルーサー・キング／中島和子・古川博巳訳『黒人はなぜ待てないか』みすず書房、一九六五年。
・マーティン・ルーサー・キング／中島和子訳『良心のトランペット』みすず書房、一九六八年。
・N・ラダクリシュナン／栗原淑江訳『池田大作 偉大なる魂』鳳書院、一九九四年。
・N・ラダクリシュナン／栗原淑江訳『池田大作 師弟の精神の勝利』鳳書院、二〇〇〇年。
・ナイジェル・リチャードソン／金原瑞人訳『わたしには夢がある キング博士』第三文明社、二〇〇〇年。

・K・クリパラーニ／森本達雄訳『ガンジーの生涯』(上)(下) 第三文明社、一九八三年。一九九九年。
・マーティン・ルーサー・キング／雪山慶正訳『自由への大いなる歩み』岩波書店、一九七一年
・ローザ・パークス／高橋朋子訳『ローザ・パークス自伝』潮出版社、一九九九年。
・小西慶太『白と黒のアメリカ』㈱メディアファクトリー、一九九三年
・コレッタ・スコット・キング編／梶原寿・石井美恵子訳『キング牧師の言葉』日本基督教団出版局、一九九三年。
・猿谷要『キング牧師とその時代』日本放送出版協会、一九九四年。
・池田大作『21世紀文明と大乗仏教』聖教新聞社、一九九六年。
・池田大作『21世紀文明と大乗仏教』(選集) 第三文明社、二〇〇〇年。
・ガンジー／森本達雄訳『わが非暴力の闘い』第三文明社、二〇〇一年。
・ガンジー／森本達雄訳『非暴力の精神と対話』第三文明社、二〇〇一年。
・『日蓮大聖人御書全集』創価学会、一九五二年。
・『グラフＳＧＩ (特集　ガンジー・キング・イケダ展)』聖教新聞社、二〇〇一年八月号。

著者略歴
ニーラカンタ・ラダクリシュナン (Dr. Neelakanta Radhakrishnan)
1983年　ガンジーグラム・ルーラル大学教授
1990年　インド国立・ガンジー記念館館長（2001年まで）
　　　　ガンジーグラム・ルーラル大学副総長代行
現　在　マハトマ・ガンジー非暴力開発センター所長
　　　　非暴力デリー会議　副会長
専　攻　ガンジー研究，英語教授法
著　書　*Daisaku Ikeda The Man and His Mission*, 1992
　　　　『池田大作　師弟の精神の勝利』2000
　　　　『対話の達人・池田大作』2006
　　　　ガンジー研究，平和運動，文学，芸術，言語学，演劇等に関する著書多数

訳者略歴
栗原淑江（くりはら・としえ）
現　在　東洋哲学研究所研究員，創価大学講師
専　攻　社会学，社会思想史，女性学
著　書　『マックス・ウェーバー　影響と受容』（共訳）1989
　　　　『女性のための人間学セミナー』（編著）1997，『賢く生きる』（編著）1999，『アメリカの創価学会』（訳）2000、『女性に贈る幸せへの指針』2003など

ガンジー・キング・イケダ――非暴力《ひぼうりょく》と対話《たいわ》の系譜《けいふ》

2002年３月16日　初版第１刷発行
2008年７月31日　初版第６刷発行

著　者　N. ラダクリシュナン
訳　者　栗原淑江
発行者　大島光明
発行所　株式会社　第三文明社
　　　　東京都新宿区新宿１-23-５　郵便番号　160-0022
　　　　電話番号　営業代表　03(5269)7145　編集代表　03(5269)7154
　　　　振替口座　00150-3-117823
　　　　URL　http://www.daisanbunmei.co.jp
印刷所　明和印刷株式会社
製本所　株式会社 星共社

ISBN 978-4-476-06179-6